京华通览

历史文化名城

主编／段柄仁

太庙

贾福林／编著

北京出版集团公司
北京出版社

图书在版编目（CIP）数据

太庙 / 贾福林编著 . — 北京 ：北京出版社，
2018.12
（京华通览／段柄仁主编）
ISBN 978-7-200-13866-5

Ⅰ . ①太… Ⅱ . ①贾… Ⅲ . ①寺庙—介绍—北京
Ⅳ . ① K892.98

中国版本图书馆 CIP 数据核字（2018）第 017620 号

出 版 人　曲　仲
策　　划　安 东　于 虹
项目统筹　董拯民　孙 菁
责任编辑　董拯民　周　亮
封面设计　田　晗
版式设计　云伊若水
责任印制　燕雨萌

"京华通览"丛书在出版过程中，使用了部分出版物及网站的图片资料，在此谨向有关资料的提供者致以
衷心的感谢。因部分图片的作者难以联系，敬请本丛书所用图片的版权所有者与北京出版集团公司联系。

京华通览
太庙
TAIMIAO
贾福林 编著
＊
北 京 出 版 集 团 公 司
北 京 出 版 社　出版

（北京北三环中路 6 号）
邮政编码：100120

网 　址：www.bph.com.cn
北 京 出 版 集 团 公 司 总 发 行
新 华 书 店 经 销
天津画中画印刷有限公司印刷
＊
880 毫米 ×1230 毫米　32 开本　7.75 印张　160 千字
2018 年 12 月第 1 版　2022 年 11 月第 3 次印刷
ISBN 978-7-200-13866-5
定价：45.00 元

如有印装质量问题，由本社负责调换
质量监督电话：010-58572393

序

擦亮北京"金名片"

段柄仁

北京是中华民族的一张"金名片"。"金"在何处？可以用四句话描述：历史悠久、山河壮美、文化璀璨、地位独特。

展开一点说，这个区域在70万年前就有远古人类生存聚集，是一处人类发祥之地。据考古发掘，在房山区周口店一带，出土远古居民的头盖骨，被定名为"北京人"。这个区域也是人类都市文明发育较早，影响广泛深远之地。据历史记载，早在3000年前，就形成了燕、蓟两个方国之都，之后又多次作为诸侯国都、割据势力之都；元代作为全国政治中心，修筑了雄伟壮丽、举世瞩目的元大都；明代以此为基础进行了改造重建，形成了今天北京城的大格局；清代仍以此为首都。北京作为大都会，其文明引领全国，影响世界，被国外专家称为"世界奇观""在地球表面上，人类最伟大的个体工程"。

北京人文的久远历史，生生不息的发展，与其山河壮美、宜生宜长的自然环境紧密相连。她坐落在华北大平原北缘，"左环沧海，右拥太行，南襟河济，北枕居庸""龙蟠虎踞，形势雄伟，南控江淮，北连朔漠"，是我国三大地理单元——华北大平原、东北大平原、内蒙古高原的交会之处，是南北通衢的纽带，东西连接的龙头，东北亚环渤海地区的中心。这块得天独厚的地域，不仅极具区位优势，而且环境宜人，气候温和，四季分明。在高山峻岭之下，有广阔的丘陵、缓坡和平川沃土，永定河、潮白河、拒马河、温榆河和蓟运河五大水系纵横交错，如血脉遍布大地，使其顺理成章地成为人类祖居、中华帝都、中华人民共和国首都。

这块风水宝地和久远的人文历史，催生并积聚了令人垂羡的灿烂文化。文物古迹星罗棋布，不少是人类文明的顶尖之作，已有1000余项被确定为文物保护单位。周口店遗址、明清皇宫、八达岭长城、天坛、颐和园、明清帝王陵和大运河被列入世界文化遗产名录，60余项被列为全国重点文物保护单位，220余项被列为市级文物保护单位，40片历史文化街区，加上环绕城市核心区的大运河文化带、长城文化带、西山永定河文化带和诸多的历史建筑、名镇名村、非物质文化遗产，以及数万种留存至今的历史典籍、志鉴档册、文物文化资料，《红楼梦》、"京剧"等文学艺术明珠，早已成为传承历史文明、启迪人们智慧、滋养人们心灵的瑰宝。

中华人民共和国成立后，北京发生了深刻的变化。作为国家首都的独特地位，使这座古老的城市，成为全国现代化建设的领头雁。新的《北京城市总体规划（2016年—2035年）》的制定和中共中央、国务院的批复，确定了北京是全国政治中心、文化中心、国际交往中心、科技创新中心的性质和建设国际一流的和谐宜居之都的目标，大大增加了这张"金名片"的含金量。

伴随国际局势的深刻变化，世界经济重心已逐步向亚太地区转移，而亚太地区发展最快的是东北亚的环渤海地区、这块地区的京津冀地区，而北京正是这个地区的核心，建设以北京为核心的世界级城市群，已被列入实现"两个一百年"奋斗目标、中国梦的国家战略。这就又把北京推向了中国特色社会主义新时代谱写现代化新征程壮丽篇章的引领示范地位，也预示了这块热土必将更加辉煌的前景。

北京这张"金名片"，如何精心保护，细心擦拭，全面展示其风貌，尽力挖掘其能量，使之永续发展，永放光彩并更加明亮？这是摆在北京人面前的一项历史性使命，一项应自觉承担且不可替代的职责，需要做整体性、多方面的努力。但保护、擦拭、展示、挖掘的前提是对它的全面认识，只有认识，才会珍惜，才能热爱，才可能尽心尽力、尽职尽责，创造性完成这项释能放光的事业。而解决认识问题，必须做大量的基础文化建设和知识普及工作。近些年北京市有关部门在这方面做了大量工作，先后出版了《北京通史》（10卷本）、《北京百科全书》（20卷本），各类志书近900种，以及多种年鉴、专著和资料汇编，等等，为擦亮北京这张"金名片"做了可贵的基础性贡献。但是这些著述，大多是服务于专业单位、党政领导部门和教学科研人员。如何使其承载的知识进一步普及化、大众化，出版面向更大范围的群众的读物，是当前急需弥补的弱项。为此我们启动了"京华通览"系列丛书的编写，采取简约、通俗、方便阅读的方法，从有关北京历史文化的大量书籍资料中，特别是卷帙浩繁的地方志书中，精选当前广大群众需要的知识，尽可能满足北京人以及关注北京的国内外朋友进一步了解北京的历史与现状、性质与功能、特点与亮点的需求，以达到"知北京、爱北京，合力共建美好北京"的目的。

这套丛书的内容紧紧围绕北京是全国的政治、文化、国际交往和科技创新四个中心，涵盖北京的自然环境、经济、政治、文化、社会等各方面的知识，但重点是北京的深厚灿烂的文化。突出安排了"历史文化名城""西山永定河文化带""大运河文化带""长城文化带"四个系列内容。资料大部分是取自新编北京志并进行压缩、修订、补充、改编。也有从已出版的北京历史文化读物中优选改编和针对一些重要内容弥补缺失而专门组织的创作。作品的作者大多是在北京志书编纂中捉刀实干的骨干人物和在北京史志领域著述颇丰的知名专家。尹钧科、谭烈飞、吴文涛、张宝章、祁志群、姚安、马建农、王之鸿等，都有作品奉献。从这个意义上说，这套丛书中，不少作品也可称"大家小书"。

总之，擦亮北京"金名片"，就是使蕴藏于文明古都丰富多彩的优秀历史文化活起来，使充满时代精神和首都特色的社会主义创新文化强起来，进一步展现其真善美，释放其精气神，提高其含金量。

2017 年 11 月

目录

—

CONTENTS

引 言

　　北京太庙规模宏大、气势磅礴，其庄严、其恢宏、其神秘，不论对中国人还是外国人，都是一个谜。

　　太庙的特点是崇高性和封闭性，古往今来，莫不如是。早在春秋时代，精通周礼、被历朝历代尊为"圣人"、后来被封为"大成至圣文宣王"的孔子进入鲁国始祖的太庙以后，也要谦虚地"每事问"。可见太庙文化的博大精深。

　　北京太庙是世界上现存最大、最完好的祭祖建筑群，是明成祖永乐皇帝，按照周礼"左祖右社"的规制，在永乐十八年（1420），与紫禁城同时修建完成的。其位置在皇城外朝东南，天安门、端门和午门的东侧，与皇帝主持朝政的太和殿直线相距不足百米，全部封闭在高高的红墙之内。

　　在这个古柏环绕的巨大空间里，除了举行祭祖典礼时皇帝、王公大臣得以进入外，平日只有20余名太监值守。除此以外的任何人都不得进入。这里踏上"外人"足迹在帝制时代只有三次。一次是1644年，李自成的农民起义军攻破北京；第二次是清军的占领；还有一次是1900年八国联军的入侵。1911年辛亥革命后，末代皇帝溥仪退位，他拱手让出紫禁城三大殿以后，仍然被允许在乾清宫居住，同时允许在太庙祭祖。直到1924年，冯玉祥把溥仪驱逐出紫禁城，太庙才成为公众得以进入的公共场所。1950年辟为劳动人民文化宫，太庙的可移动文物移存故宫，太庙空旷高大的殿堂，迎来了新时代的主人。而此时，太庙原有的文化内涵被鄙弃，被遗忘，从某种意义上来讲，太庙本来的性质和面貌，变得更加遥远和神秘。

改革开放以后，中国传统文化的回归，太庙的内在文化才开始苏醒。在笔者的潜心研究下，太庙的神秘面纱逐步被揭开。1999年笔者首次写出《太庙文物解说词》，并制作成数十个铝合金说明牌矗立于太庙景观之内，吸引了许多媒体前来采编，教师、中小学生也纷纷来抄写。太庙的"庐山真面目"遂逐步为公众所知。

祖先崇拜和礼乐文化是中国传统文化的核心，是五千年来中华民族稳固和发展的精神纽带。历代皇家的祭祖，代表了祭祖文化形式和内容的最高形态，是从民俗上升为礼制的完善境界。

皇家祭祖文化，去掉其腐朽的糟粕，剥掉其封建的外衣，本质是人类文明的结晶。对祖先的尊崇、礼仪的规范、民俗传统、哲学智慧等深厚的历史文化积淀，都是需要我们认真研究、传承和弘扬的。

太庙辉煌的建筑是我国古代建筑巅峰期的经典之作；太庙祭

祖仪式所使用的庄严而又典雅的乐舞，是传承下来的古代音乐舞蹈艺术的典范。

在本书里，我们可以观赏祭祀祖先的庄严场面，可以想象皇家乐舞的神圣庄严，可以领略建筑艺术的炉火纯青，可以触摸文明演进的历史线索。

中国共产党十八大以来，党中央、国务院极其重视传统文化的传承与弘扬，强调文化自信，历史进入新的时代。在这样的历史文化背景之下，通过深深的思索，重新审视太庙。中华民族从哪里来？炎黄子孙之间的关系怎样才能和谐而有序？先祖们创造的物质和精神财富我们应当如何继承？怎样凝结"共同的祖先崇拜"这个实现中华民族伟大复兴的精神纽带？这些问题，一定会引起中国人，甚至全世界华人浓厚热切的关注。太庙和太庙文化的巨大价值需要重新评价和定位，太庙应有的归宿即将到来。

从汉字开始说太庙

　　北京，具有建城三千多年的沧桑历史；这块美丽的土地，曾是辽、金、元、明、清五朝故都。公元1420年，明成祖朱棣仿照南京建造了崭新的北京。新北京比南京相较，"凡庙社、郊祀、坛场、官殿、门阙，规制悉如南京，而高敞壮丽过之"。这第一个字"庙"，就是指太庙。2018年，北京中轴线正式申遗。在14处遗产点中，太庙以其巨大的古建体量和显要的核心地位，在公众视野中备受关注。太庙对于北京，是传统文化中最为独特的元素，中国五千年传统祭祀礼乐文化经典凝聚于此。通过此书，使读者能够对太庙和太庙文化有一个全面深刻的了解，更加热爱、努力建设首都北京，人人为中华文化的传承与复兴贡献力量。

太庙溯源数千年

北京天安门的东侧，有一个人民群众的文化活动场所，也是中外游客游览的历史名园，同时还是国家级重点文物保护单位，这就是北京市劳动人民文化宫。在这百姓云集、欢乐祥和、环境优美的地方，如果是在20世纪20年代以前，普通的中国人别说游览，就是跨进一步也比登天还难，原来，这里是明、清两代的太庙。

说起太庙，由于封建社会与我们相去已远，许多年轻人并不了解太庙的性质和作用，往往以为太庙跟供着如来佛和观世音菩萨的地方没有什么区别。而与中国文化传统有很大差异的外国人，就更不了解太庙是什么所在了。如今的北京人得天独厚，可以经常步入太庙，但他们记忆犹新的是文化艺术课堂和展览，他们恋恋不舍的是在这儿办了几十年的书市。雅尼音乐会和《图兰朵》使外国人初识了太庙，但他们大多只记住了金碧辉煌的紫禁城，而对太庙的历史内涵却只是一知半解。

人类社会发展到20世纪下半叶，对人类自身历史的文化发展出现了高度的重视，产生了世界性的文化寻根的热潮。所以，我们十分有必要对在中国传统文化中具有独特地位的太庙及其祭祖文化做一个相对全面和相对深刻的介绍。

由于太庙祭祖的崇高性、专有性，所以它具有神秘性。一些

太庙位于天安门之东

常人很少接触的词汇，是理解太庙的钥匙，比如太、庙、祭、祀、祾、享、俎、牺牲等，择要介绍如下。

"太庙"是什么"庙"？太庙是如何形成和发展的？太庙的地位和作用是什么？太庙和我们每个人有什么关系？为了回答这一连串有趣却不容易讲清的问题，我们先从文化的古老而又直接的载体——汉字说起。

我们先说"庙"。"庙"的繁体字是"廟"，是形声字，从广，朝声。"广"与建筑物有关。"庙"字本义：宗庙，供奉祭祀祖先的处所。东汉许慎《说文解字》的解释是：庙，尊先祖貌也。《周礼·祭仆》中的解释是：始祖曰大庙。从古人的这些解释我们理解到：庙是一种特殊的房子；庙是祭祀祖先的地方；祭祀祖先的方式是"尊先祖貌"；庙原本和佛没有关系，在东汉佛教传入我国以后，才借用"庙"字表示举行佛教崇拜仪式的场所。所以太庙的"庙"才是庙的本义。

再说"太"。《高级汉语大词典》对"太"字有两个解释。第一是：极大。古作"大"，也作"泰"。凡言大而以为形容未尽，则作太。援引《广雅·释诂一》的解释：太，大也。第二是：指事。古作"大"，后语音分化，在"大"字下添加符号，成指事字，简言之"最大"就是"太"。"太"是指事字，但"大"下加的符号是什么却没有说，真是"犹抱琵琶半遮面"。实际上，从字的起源来说，"大"是象形字，甲骨文字形为像人的正面形，有手有脚。"大"下加一点，变成指事字。这一"点"是男性的第一特征，以"太"为"最大"，证明"太庙"是男性氏族社会发展成熟以后，男性崇拜的结果。所以太庙最早供奉的是男性祖先，后来太庙供奉皇后是作为"配享"，或说"从祀"，皇帝死后才能"祔"于太庙，也就是将皇后的牌位和皇帝的牌位归附在一起，这种归附还要有严格的条件，不符合条件还不行。

"祖"，甲骨文、金文的写法类似于"而且"的"且"，是男根的象征，神主的形状就来源于这个字，这完全和"太"字相互印证，它强调了父系的传宗接代。到战国以后，它的左边才加上了示补旁，示补旁在中国文字中，一般与祭祀有关。

最后说"祭"字，会意字。甲骨文字形左边是祭祀用的肉，右边是手，中间是祖先的牌位。表示以手持肉祭祀祖先的神灵。《礼记·祭统》说明了祭的含义："祭者，所以追养继孝也。""祭"和"祖"合起来的意思是"为避灾得福而对亡祖灵魂之敬拜与祭奠仪式"。

我们用最简单的方法，通过对"太""庙""祭""祖"四个字的分析，就基本上明白了太庙及其功能：太庙就是皇帝举行祭祀祖先的隆重仪式的庄严场所。古云"万物本乎天，人本乎祖"。在古代，祖先神与天神有着同样重要的地位，祭祖同祭天一样属于上古五礼之道——吉礼中的大祀，所以自古帝王视"敬天法祖"为立国之本，非常重视对祖先的祭祀。

太庙精华国之宝

太庙位于天安门东侧,与天安门西侧的社稷坛(今中山公园)呈左右对称的格局。那么,太庙为什么要建在紫禁城的左前方呢?原来,这是由古代帝王宫阙"左祖右社"的规制决定的。

对祖先崇拜本是原始社会就有的,但在中国漫长的历史中却不断制度化,被纳入约束人们行为的封建规范——礼制之中。早在春秋战国时代,人们追忆周朝的各种规矩,写成了《周礼·考工记》一书,其中就提到"左祖右社",就是把皇帝的祖庙放在左边,社稷坛放在右边。皇帝的朝廷是坐北朝南的,左边就是东边。到了明代,干脆把太庙从皇城外移到皇城内的天安门和午门之东,大大加强了皇城中轴线的威严,皇帝祭祖也更方便了。

北京太庙建成于明永乐十八年(1420),占地19.7万平方米,建筑格局为矩形,有围墙三重。近千古柏成林,环绕着太庙的庙

太庙全国重点文物
保护单位标牌

门前琉璃门、戟门、享殿、寝殿、中琉璃门、祧庙和后琉璃门。太庙形成了完整对称的中轴线格局，与皇宫的建筑格局相同，两侧为配殿，戟门前有玉带桥，两侧各有一井亭，东、西分别为神库和神厨，外墙内东南为治牲房和宰牲亭。

迈入戟门，就可看见雄伟的太庙享殿了。享殿是举行正式祭祀活动时摆放本朝历代皇帝牌位的地方，其等级与故宫太和殿相同，可见太庙在明、清两代的重要性。太和殿是皇帝活着的时候使用的，而太庙的享殿则是供已故的皇帝"灵魂"活动的地方，它们的地位和规格相同也就不奇怪了。同紫禁城内前殿后寝的布置相同，享殿后是寝殿。皇帝活着的时候只在重大庆典时才登太和殿，平时在寝殿即后三殿活动，去世的皇帝牌位平日也是放在寝殿之内。后殿称祧庙，自成一院，是祭祀开国皇帝前四代先祖的地方。

太庙在明、清两代多次修缮，是典型的古代宫廷建筑，是古

太庙享殿

代建筑艺术的璀璨明珠，其建筑格局、建筑样式、工程技术都具有极高的科学价值和艺术价值，同时蕴含着古代政治、哲学、美学、礼制的基本观念。

从太庙的功能来看，对祖先的祭祀崇拜是中国封建社会宗法制的核心，其祭祀的观念、礼仪是中国传统文化的重要方面。据统计，仅清代皇帝200多年共举行正式的祭祖活动达605次之多。

太庙是我国，也是世界上保存最完好的皇帝祭祀祖先的建筑群。不论是在中华传统文化意义上，还是在中国传统建筑艺术的意义上都具有非常重要的地位，太庙承载和显示着紫禁城独特的内容，这种重要性和独特性正在被越来越多的人所认识。随着中国和世界的发展进步，太庙这块中华瑰宝——也是世界的瑰宝，将日益焕发出夺目的光彩。

太庙基础知识

　　太庙是宗庙的最高形式，是中国统一朝代帝都营建的规制，是东方文化独特的代表性建筑之一。北京太庙是中国历史上唯一没有在改朝换代中焚毁、唯一由两个统一的朝代先后使用过的太庙。它不仅是北京中轴线建筑之眼，而且是中华祖先崇拜和礼乐文化传承的核心场所。太庙建筑、太庙祭祀、太庙礼乐，其中所凝聚的祖先崇拜是中华文化的精髓，它所传承的礼仪乐舞是中华艺术的经典。作者通过深入研究丰富的史料图片，详细介绍北京地区宗庙与太庙的历史变迁、太庙建筑的特点、太庙主要建筑及其功能，并探索太庙的现代价值，推动太庙祖先崇拜和礼乐文化的传承，为实现古代文化与现代文化的有机衔接，为弘扬传统文化、创建新时代文化，为中华福祉、万年统绪，做出贡献。

祖先文化的起源

　　古代祭祖从原始简单的形态发展演变为复杂的制度，是一个漫长的过程。祭祀活动从原始氏族就已开始，迄今为止我国考古发现最早的祭祀祖先的实物，是在浙江河姆渡遗址发现的7000年前的陶塑神像。之后，在甘肃礼县高寺头、秦安大地湾和寺嘴、天水柴家坪等地，均出土了五六千年前仰韶文化时期的彩陶瓶，瓶口被塑成人头形状，这些陶瓶都是祖先神的偶像。其后，陕西华县出土了4100年前的陶祖（即陶制的祖先牌位，或称神主），在南方的屈家岭文化也有类似的发现。可见在很早之前，古人就已有了祭祀祖先的活动。

人首口瓶（仰韶文化）

　　原始氏族的人们观察社会，是朴素的感知，对于周围的一切现象都无法解释，既畏且敬。他们不仅不能理解复杂的自然现象，对自身也并不了解。他们不知人从何处来，也不知人往哪里去，他们面对人的死去，经过"死亡经验"的积累，再加上平日的幽幻、影子、梦境等不可理解的现象，久而久之，便产

新石器时代彩陶纹——祭祖舞蹈

生了祖神鬼魂的观念。祭祖观念的产生和演变就是以灵魂不死为前提的。古人认为：灵魂是与形体相对的，天地未开之前，宇宙是一团混沌的元气，元气产生阴阳二神，清阳者上升为天，重浊者下沉为地，天地又产生了人和万物。人的精神由原始清气所化，而形体则由浊气生成，这就是《淮南子·精神训》所说的"夫精神者，所受于天也；而形体者，所禀于地也"的基本内容。

精和神是与魂和魄密切相关的，《左传·昭公七年》引郑子产语："人生始化曰魄，既生魄，阳曰魂。用物精多则魂魄强。"据孔颖达解释，人的形体为"形"，人的呼吸为"气"，"附形之灵为魄，附气之神为魂"。所谓附形之灵，是指依附于形体而发生作用的人体功能，如听力、视力、声音、动作等；所谓附气之神，是指依附于非形体的"气"而产生的知觉意识。

魂魄虽依附于气和形，但又可以游离于形体之外，其表现就是做梦而神（魂）不守舍，胡思乱想而灵念（魄）不息，从而"失魂落魄"。《淮南子·精神训》说"有精而不使，有神而不行"，则"其寝不梦，其智不萌，其魄不抑，其魂不腾"。阴魄不沉抑，阳魂不飞腾，便是"各守其舍"。如果魂魄不守其舍，不是暂时离开而是一去不返，这就意味着形体永不复苏而死亡。古代"招魂"之术，就是企图趁人死魂魄尚未远离，招而复回使人复活。魂魄离形而归于天地，古人称之为"鬼"。

鬼魂也需要衣食享用，要使鬼魂安宁，除了死时厚葬及殉人之外，还要定期供奉酒食玉帛，鬼有归宿便能享受祭祀。祖先对后代的祭祀是有回报的。祖先在冥冥之中，仍有神力影响乃至支配人间子孙的一切事情。子孙如有重要活动或发生灾难，不仅要表示对祖先的敬畏，而且要祈求祖先神灵佑福祛灾。这就逐步形成了定时供奉衣食进行祭祀的习俗，这种习俗代代相传。鬼和人一样，也有高低之分，特别是经验丰富和功绩卓越的氏族领袖，他们的神灵经过长时间不断地"神化"，促使其神力更加巨大和神秘，能在冥冥之中监视子孙的行为并加以佑护和惩罚，子孙也深信通过祭祀的仪式和祭品的供奉，可以得到祖神的保佑与赐福。到了氏族社会，传说中的祖先变成了神，即祖神，这和外国的"图腾"的产生有相似之处。图腾一词源于北美印第安人的方言，是氏族族徽，也是氏族的名称，来源于想象中的氏族祖先，通常是某种动物、植物或其他非生物。

中国古代没有"图腾"的概念，与之类似的是原始的"姓"。原始的姓，表面上是氏族的名称，实质上也是氏族起源的动植物或其他非生物。《说文解字》："姓，人所生也。古之神圣人，母感天而生子，故称天子，因生以为姓。"

经过一代又一代的繁衍，一个氏族分蘗成若干同胞氏族而构成一个胞族集团；再发展，每一个新的氏族成为一个胞族集团之后，原有的胞族集团便逐渐发展成一个部落。部落再发展为一个原始民族，这个原始民族始终以最早的氏族图腾为总图腾，它的分支则各有其分图腾。这个总图腾就如同

山西翼城大河口西周墓地出土的青铜豆，内壁有铭文：霸伯作太庙宝尊彝

"姓"，分图腾则为"氏"。周代华夏人的氏族不再以图腾作姓氏，通常以氏族始祖的爵位、职官、封地、排行、名字等作氏族名号，即姓氏的氏。凡氏族分族，除大宗继承原有氏称外，旁支氏族又重新建立新的氏称。一直保留下来的姓，则作为同姓各氏族的总名称，即本族的始祖名称。

随着时间的推移，始祖不断繁衍，祖神越来越多，人们不能全部祭祀。到父系社会时，就把祖神分成了三类：始祖、远祖和近祖，古称太祖、祧祖和祢祖。

在华夏族的父系社会中，始祖常由同一个男子五代以内（含第五代）的男性子孙及其配偶和未出嫁的女性组成。其直系近祖有四个：高祖父母、曾祖父母、祖父母、父母。当第六代成年并参加祭祀活动时，原先的氏族自然地按第六代人的高祖的不同而分成若干新氏族，原先的高祖升为远祖。远祖在氏族中不受祭祀，

只有当全体胞族举行共同祭祖仪式时，才被祭祀。远祖也不止一代人，而是若干代人。最远的一代远祖，就是整个部落共同的远祖，即始祖。若干个具有共同祖先的部落构成原始民族。在祖先崇拜力量的作用下，民族始祖是凝聚全民族的旗帜，是民族种姓的象征。由于民族传说的神化，民族始祖一般都成为神人或圣人，夏族的禹、商族的契、周祖的后稷都是民族始祖。原始的民族与民族之间，也可能具有共同的祖先，但因年代久远，传说模糊，都成为神话人物，如黄帝、炎帝、伏羲、女娲等。祖先崇拜与祭祀中的始祖，一般指部落或民族的始祖。

祭祀祖先时，要有祖先的象征物。最初是以盛着骸骨毛发的陶罐为祖神，为了像其形貌，这种作为神主的陶罐有的就塑成人形，成为偶像。有的偶像以木头雕刻，叫木偶，木偶多以柏木为材料，造型一般粗糙简陋。文字发明以后，人们改用书写死者代号的木牌作为神主，为了祭祀时神主能够直立，在木牌下端加上较宽的底座。在殷代卜辞中，神主都称为"示"，周代以后，神主都称为"主"。

祖先女神头像（红山文化）

祭祀时，神主并不是直接陈列在神龛上，而是盛在一种小柜里，连小柜一起置于神龛上，这种盛神主的小柜，古代称作"匣"。

就这样，经过漫长的发展

演变，祭祀祖先的本质和基础形成了，中华民族祭祀祖先的文化薪火点燃并代代传承下来。

太庙祭祖的本质和基础

宗法制是中国古代社会结构的形式，是太庙祭祖活动的基础。了解宗法制是了解中国古代传统文化的一把钥匙，首先要弄明白三个概念：家族、宗族和宗法。

家族是由若干具有亲近的血缘关系的家庭组成。自进入文明社会以来，我国古代的家族一直是由父系的血缘连接的，而若干出自同一男性祖先的家族又组成了宗族。

宗族是同一高祖父传下的四代子孙或更多的世代组成的血缘关系组织。家族和宗族密不可分，有时会合二为一。

宗法是指一种以血缘关系为基础，标榜尊崇共同祖先，维系亲情，在宗族内部区分尊卑长幼，并规定继承秩序以及不同地位的宗族成员各种不同的权利和义务的法则，由父权家长制发展而成。

宗法制度是由父系氏族社会的家长制演变而来的。在父系氏族社会，世系以父系计算，父家长支配着家族成员，甚至对他们有生杀予夺之权。在父系氏族社会的后期，随着生产力的发展和剩余产品的增加，私有财产产生了，父家长死后，其权利和财产需要有人继承，于是习惯上就会规定一定的继承程序，而一代父家长生前的权威在其死后仍然使人敬畏，子孙们幻想得到他们的亡灵的庇护，于是又产生了对男性祖先的崇拜以及随之而来的种种祭祀祖先的许多仪式。这些都为宗法制度的萌芽准备了适宜的土壤。

进入阶级社会以后，宗法制度逐步形成了。宗法制主要实行于统治阶级内部，成为调解内部关系、维护世系统治、奴役劳动人民的工具。

父系氏族社会的后期，部落联盟的领袖在一定程度上已经具有后世国王的权力，但这一职位是由各部落首长协调推选的，这就是"禅让"。夏禹死后，其子启继承王位，把尧舜时代的"禅让"，即从贤名人士中选接班人的办法变成了"传子不传贤"的"家天下"，开创了我国第一个奴隶制朝代。我们不能以今天的观点评价大禹自私，他不过是顺应历史的发展，揭开了中国进入奴隶社会的第一幕，用世袭的继承办法来维护以血缘为联系的家族利益，从而相对地维护了社会的安定。从此，如《礼记·礼运》所说："大人世及以为礼。"意思是说：以儿子继承父位称为"世"，以弟弟继承哥哥的王位称作"及"，这就是"礼"规定的秩序。

宗法制度起源于商代并逐步发展成熟。由于社会的发展，民族、部落、胞族等血缘组织都构成相对独立的政权，由于财产和爵位的继承问题，产生以嫡庶制为核心的宗法制度。其核心是嫡长子继承制，氏族分蘖时，氏族家长的嫡系子孙不仅继承原氏族的爵位和主要财产，而且所在氏族的名号也沿袭不变，是为嫡系氏族，称为"大宗"；庶子孙所在的氏族则作为旁系支族而受嫡族的庇护和领导，称为"小宗"。这样，旁系氏族所祭祀的祖先，严格地限于氏族内的近祖，而宗族祖先只能由嫡系氏族家长代表宗族主持祭祀。尽管大宗百世不迁，但仍保持近祖和远祖的界限，祭祀的规格

毛公鼎，2800多年前宗庙祭器，内壁有500字长铭

和周期有严格的区分，这在商代的卜辞和青铜器铭文之中有大量的记载。周武王伐纣灭商，建立了统一的西周；周朝统治集团在自身宗法制的基础上，在新的情况下对原有的宗法制度进行了充实和发展，使其更加系统化，更加典型和严密。

北京地区宗庙与太庙的历史变迁

　　北京建城3000年。在整个古代社会,不论是诸侯国,割据王朝,还是大一统的帝国;不论是作为首都,还是陪都,都一律遵循周代的王城规制,分别建有宗庙和太庙。这不仅是中原汉族王朝的铁律,而且是其他民族融入华夏民族,形成中华民族文化认同感的强有力的历史见证。在《周礼·考工记》"左祖右社"理念下,祖庙方位统一在都城东南方,建筑样式大同小异,但祭祀形式各有特点。燕国的宗庙完全是周代风格,辽代为御容殿,金代几乎完全是中原风格,元代则带有蒙古文化的特点,明代完全继承宋代华夏民族的祭祖风格,清代除服饰等很小的本民族特点外,几乎与明代完全相同。

周朝时燕国的宗庙

北京建城 3000 年，从诸侯国开始，就应当有宗庙。燕国是周朝的一个诸侯国，1972 年在北京房山琉璃河董家林村发掘的西周燕国遗址，面积达 5.25 平方公里，不仅发掘了西周燕国都城的城址和位于都城东南方的燕国贵族的墓葬区，而且出土了大批的珍贵文物，特别是青铜礼器 113 件，其中带有铭文的堇鼎、伯矩鬲、克盉、克罍等是青铜重器，足以证明这里曾是燕国的都城，距今已经有 3000 多年的历史。周朝已有"左祖右社"的兴建国

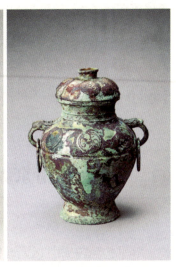

克盉（1986年琉璃河燕周遗址出土）　克罍（1986年琉璃河燕周遗址出土）

都的规范，同时根据《尚书大传》的说法，"凡邑，有宗庙先君之主曰都"，这样我们可以推断在西周燕国都城存在着燕国王室的宗庙。

战国时燕国的宗庙

战国时期燕国的宗庙历史有较为可靠的记载。北京当时称作"蓟城"，是燕国的国都。在燕昭王的时候，燕国较为强盛，几乎可与齐、秦并称"三帝"。据历史学家推算，当时蓟城有住户2.3万户，人口超过18万，居室、街坊、王宫、官署、兵营、仓库、市肆等布满了40余平方公里的蓟城。根据史料的记载和分析，可以确定北京在公元前675年，也就是燕襄王时期就有了宗庙。但是，史料对于宗庙的样式、规模以及祭祀的礼仪尚未发现详细的记载，只有等待新的史料和文物发掘的证明了。

辽代南京太庙（御容殿）

唐朝末年，中原地区军阀混战，政权交替频繁，史称"五代"。中国北方的游牧民族契丹兴起，10世纪初，耶律阿保机统一契丹各部；神册元年（916），阿保机称帝，是为辽太祖，建契丹政权，定都上京。大同元年（947），辽太宗下诏更国号为辽，以幽州为南京（辽有五京：皇都上京临潢府、中京大定府、东京辽阳府、南京析津府、西京大同府）。天会元年（1123），金占领上京，燕京成为辽的代都城。辽南京建有相当于太庙的御容殿。

金代的太庙

在贞元元年（1153），金代将国都从上京迁到了燕京，并恭敬隆重地把祖宗的神位也迁到了新的都城，在城南的千步廊建造了一座巨大的太庙。在贞元三年（1155）十一月，把祖宗神位正

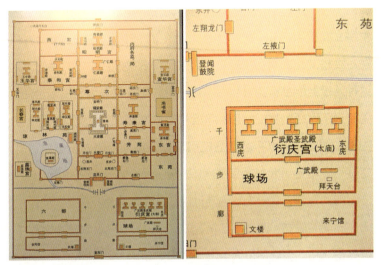

金中都左前方太庙图　　金中都太庙位置图

式安放在太庙。从大定十一年（1171）开始举行祭天典礼，并且在祭天的前一天一定要先到太庙祭祀祖先。金代太庙的规模和形制，史书记载的资料不多，使我们无法确切地了解详情，但是，我们可以通过北京房山区金陵遗址的规模加以推断。可以想象，金代的太庙位置紧邻皇宫，不仅规模巨大，而且其壮丽雄伟的程度不会亚于金代的皇宫。

元代的太庙

元代以大都城作为全国的统治中心，先后在这里兴建了两座太庙，使其成为国家的象征之一，有着特殊的地位。建立元朝的蒙古统治者最初生活在大草原上，习惯的是游牧文化，对于代表农耕文化的太庙礼乐制度是比较陌生的。当他们进入中原地区，在对农耕文化的礼乐制度有了越来越多的接触和了解之后，才对这种对于他们是新的文化形态逐渐重视起来。元太宗窝阔台任用儒家大臣耶律楚材在中原地区实行赋税制度，为元朝获得了巨大的物质利益。元世祖忽必烈任用手下谋臣刘秉忠为其创建官制，定国号、年号，大兴礼乐制度，遂使元朝的统治日益鼎盛，达到了空前的程度。从元太宗到元世祖的发展历程是"汉化"的过程。太庙制度的确立，即是"汉化"的一个重要环节，在这个过程中，耶律楚材和刘秉忠两位大臣发挥了重要作用。

元朝在中统四年（1263）三月，于旧燕京城"初建太庙"。兴建太庙的建议，是由翰林侍讲学士兼太常卿徐世隆提出的，"世隆奏：'陛下帝中国，当行中国事。事之大者，首惟祭祀，祭必有庙。'因以图上，乞敕有司以时兴建，从之。逾年而庙成，遂迎祖宗神御，奉安太室，而大祫礼成"。也就是至元三年（1266）十月，太庙才完工。"太庙成。承相安童、伯颜言：'祖宗世数、尊谥、庙号、增祀四世、各庙神主、配享功臣、法服祭器等事，皆宜定议。'命平章政事赵璧等集群臣议，定为八室。"基本上确立了元初太庙的格局。

后来元世祖忽必烈决定兴建大都新城之后，皇宫、苑囿全都新建，太庙当然也不能继续留在旧燕京城中。元世祖忽必烈至元十四年（1277）又下诏书，在大都新城之中兴建元代的第二座太庙。至元十六年（1279）八月，把元军在江南缴获的玉爵等49件宝物，供奉于太庙。至元十七年（1280）十二月，重新建造的太庙初具规模，将燕京城里的太庙中的各位帝王的神主等迁移到大都城新太庙之中，遂行大祫之礼，并且将燕京城的旧太庙拆毁。到至元二十一年（1284）三月，新太庙的建造工作全部完毕。

元代至大二年（1309）正月，元武宗孛儿只斤海山以受尊号的名义拜谢太庙的先祖，这是元代皇帝亲自到太庙祭祀祖先的开始。新太庙位于皇城的东面、大都新城东侧南门齐化门北面的通衢大道旁边，体现出《周礼·考工记》"左祖右社"的都城设计思想。至治元年（1321）元英宗即位后，皇帝下诏书扩建太庙的规制，至治三年（1323），在正殿的前面新建大殿15间，原正殿改作寝殿。

元大都兴建的太庙，是元朝中央政府机构中的一个重要组成部分，太庙所具有的这些重要功能，是其他任何一个官僚机构都无法取代的，也是不能或缺的。太庙又是元朝统治者举行各项重大政治活动的主要场所之一，帝王登基、册立皇后、册立太子、出军征伐、回师献俘等，都要到太庙举行隆重的祭祀仪式。这是元代朝廷对于农耕文化的认同并融入中原汉族礼乐文化的极为重要的步骤和标志。

明代的太庙

明成祖定都北京，建造的宫殿规制和南京的宫殿相同，而且更加讲究，其中自然也包括太庙的建筑。北京的太庙，建在皇宫的左前方，建成的时间是永乐十八年（1420），和紫禁城同时完工。

永乐皇帝迁都北京，两京制开始形成，曾南北双庙。北京的郊坛、宗庙、社稷坛等俱照南京规制而建，成为天子亲祀天地、宗社之所。南京原有坛、庙仍举行天地、宗社祀典。因此，永乐皇帝迁都之后，明代太庙就变为"一天下而有二庙、二主"的南北双庙制。祭礼是政治典礼，祭权也就是政治权力的表现，随着政治中心的转移，祭权势必发生转移。双庙制下，南京宗庙由于失去权力支撑，难以避免废弛的宿命。

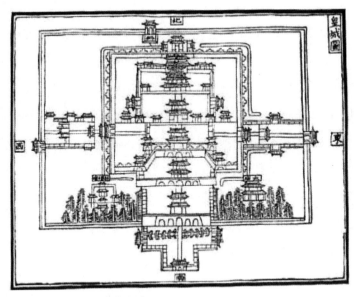

《洪武京城图志》载南京皇城图

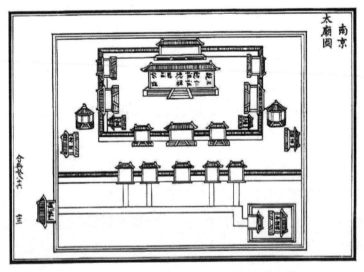

南京太庙图

成化八年（1472），南京太常寺少卿刘宣上疏："自古圣帝明王未尝不谨于祀事，我祖宗定鼎金陵，百祀具举。及北都以后，南京祀典或存或废，礼制亦多蹈旧袭讹而未备者。"比如，太庙之中帝后冠服、宝座不全，太宗有冠服而无宝座，仁宗、宣宗只有宝座而无冠服，昭皇后、章皇后及英宗宝座、冠服俱未备。但朝廷以祖宗已尊祀于京师太庙，对南京太庙的废弛并不十分在意。（注：刘宣：《议覆南京祀典疏》，《礼部志稿》卷四六。）直到嘉靖十三年（1534），南京太庙毁于火灾，遂合并供奉于南京奉先殿，迁都以来的双庙制终于归并合一。

清代太庙建筑承袭明代

清朝本无太庙，只有祭堂子的制度。崇德元年（1636），太宗文皇帝在盛京建立太庙。顺治元年（1644），世祖章皇帝进入北京，将明代的太庙变成清朝的太庙，而将盛京的太庙称作四祖庙。

承袭太庙制度是清朝学习和吸收汉族文化的历史性进步，也是清朝的明智之处。顺治皇帝及其王公贵族深知自己来自于边远落后的东北，其实力对于统治偌大中国来讲确实非常不够，所以必须尊重汉族的文化传统，只有采用传承数千年的汉族礼仪制度，才能稳定全国的民心，把列祖列宗迎入太庙供奉本身就是学习吸

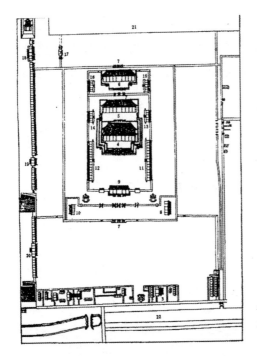

乾隆十五年（1750）
太庙全图

收汉族文化的具体措施。北京太庙是唯一一座由两个朝代先后连续使用的太庙。

民国时期的太庙

宣统三年（1911），辛亥革命推翻了统治中国 2000 年的封建帝制。清朝退出历史舞台以后，逊位皇帝溥仪仍在紫禁城内廷暂居，在此期间，太庙仍由清室管理使用。1924 年 10 月 22 日，冯玉祥配合孙中山北伐，发动了著名的"北京政变"，下令驱逐末代皇帝溥仪出宫，结束了清朝对太庙的统治。作为故宫博物院分院期间，太庙配殿改为图书馆，享殿、寝殿和祧庙室内原祭祀的供桌、祭器等设施物品基本保持原状，没有变动。

太庙辟为劳动人民文化宫

中华人民共和国成立后，1950 年 1 月 6 日，由周恩来总理提议，第一次政务院会议批准，将太庙辟为劳动人民的文化活动

毛泽东题写的文化宫匾额

场所，由北京市总工会管理。4月下旬，全国总工会副主席李立三和北京市总工会副主席肖明来到中南海请毛泽东主席题写匾额，毛主席为其命名为"北京市劳动人民文化宫"，并亲笔书写了宫名匾额。

1950年4月30日上午举行了劳动人民文化宫成立的揭幕仪式，次日，即中华人民共和国成立后的第一个"五一国际劳动节"正式向社会开放，当日接待各界群众1万多人参加了各种丰富多彩的文体活动。从此，这座古老的封建时代的太庙，焕发了青春和活力，翻开了历史崭新的一页，变为劳动人民的学校和乐园。这是当代中国的一个重大的历史事件，载入了《中华人民共和国大事记》。

1950年5月1日，文化宫首次开放

太庙的各项祭祖制度

　　太庙的各项制度起源于宗法制。宗法制是古代按嫡、庶系统维护等级世袭的法则，由父权家长制发展而成。宗法制肇始于大禹"传子不传贤"，形成于商代，周代基本完备，汉代臻于完善。庙制是太庙最基本的制度。周代奠定庙制，七庙制为基础，最终形成天子九庙制。汉代采用"一庙制"，增建"原庙"。东汉"同堂异室"制度最终确立。此后，"同堂异室"作为基本庙制，数千年历朝历代基本沿袭不变。北宋、辽、金、元曾施行并行祭祀帝后画像制度。以宗庙、太庙祭祖为中心，民间宗祠祭祖为基础，经过漫长的发展，中华民族形成了祖先崇拜的顽强基因，并成为中华文化的核心内容，影响了中国几千年的历史进程，且继续影响着中华民族的未来。而且，间接地影响着世界历史的发展方式和前进历程。

太庙的宗法制

宗法：古代按嫡庶系统维护等级世袭的法则。由父权家长制发展而成，到西汉时期逐渐完备。其核心是嫡长子继承制，有大宗、小宗之别。周王由嫡子继承，保持大宗的地位。其他诸子被封为诸侯，称别子，对周王是小宗。诸侯的职位由其嫡子、嫡孙继承，诸侯别子被封为卿大夫，对诸侯是小宗，在本家是大宗。由卿大夫下至士的大宗小宗关系与上同。周王、诸侯、卿大夫、士各代嫡子或嫡长子，称为宗子，又是本族的族长。

宗公：宗庙先公，亦指宗神。《诗·大雅·思齐》："惠于宗公，神罔时怨，神罔时恫。"

宗法制，是中国古代维护贵族世袭统治的一种社会制度。以家族为中心，按血统远近区别嫡庶的法则叫宗法。其主要精神是嫡长子继承，最基本一点就是大宗、小宗的区分。

宗法制是由父权家长制发展而成的。它起源于商代，到了周代，这种制度已趋于完备。按周制，宗族分大宗和小宗，周王自称天子，王位由嫡长子继承，称为天下的大宗；天子既是同姓贵族的最高家长，或叫族长，也是政治上的共主，掌握着国家的最高军政大权。天子之王位，世世以嫡长子继承，永为大宗。天子的庶子分封为诸侯，诸侯对天子为小宗，在其封国则为大宗，其职位亦由嫡长子继承，他们以国名为氏。诸侯的庶子分为卿、大夫，卿、大夫对诸侯为小宗，在本家为大宗，其职位也由嫡长子继承，他们以官职、邑名、辈分等为氏。从卿、大夫到士，其大宗与小宗的关系，依次类推。这样，宗法组织就与国家组织统一起来，从天子以至卿、大夫、士的宗法组织，同时也是奴隶制国家的政权组织。

宗法制不仅规定了周室同姓贵族之间的关系，而且通过联姻的方法，也规定了周室与异姓贵族之间的关系。因为在周代，周室贵族有同姓百姓不准通婚的制度，只准与异姓通婚，为此，使周室与异姓贵族之间形成了血缘联姻的关系。实际存在结果，是周天子与同姓诸侯为兄弟叔伯的关系，和异姓诸侯为甥舅关系，往下同此。这样，在奴隶主阶级统治内部，从上到下，即使没有宗族关系，也存在着姻亲关系，盘根错节，在全国范围内形成了一个严密、完整的统治结构。

西周以后的历代奴隶、封建王朝仍实行宗法制。但西周宗法制与封建宗法制的区别在于：西周的宗法制是宗族血缘关系与政权机构、经济结构相结合，宗族血缘和姻亲的关系，决定了他们之间的社会关系和等级地位；而封建宗法制则是嫡长子继承制、官僚等级制、父权家长制、夫权至上相结合，无论中央还是地方的官吏都未必与皇帝有着宗族血缘关系，官僚贵族的等级与宗族血缘不完全有着直接的联系，因为这些官吏贵族是食用俸禄的，即使是有封邑也只是食租，而并不是他们的世袭领地。

太庙庙制的历代传承

家庙：古时有官爵品位者得以立家庙，祭祀祖先。《礼记·王制》载："天子七庙，诸侯五庙，大夫三庙，士一庙。"《通礼》："品官家庙，立于居室之东。三品以上庙五间，中三间为堂，左右各一间，隔以壁，北为夹室，南为房，庭东西庑各三间。四品至七品庙三间，中为堂，左右为夹室、为房，东西庑各一间。八品以下庙三间，无夹室及两庑。"后泛指家族的宗祠。

按周代庙制，天子七庙、诸侯五庙、大夫三庙、士一庙、庶人无庙祭于寝。以后各代都在这个基础上建立自己的宗庙制度。

周人奠定宗庙制度基础

一般认为：天子七庙，三昭三穆，与太祖之庙合而为七。所谓昭、穆，是指宗庙中位次的排列，自始祖以下，父曰昭，子曰穆，按照世次递遭排列下去。诸侯五庙，二昭二穆，与太祖之庙合而为五。大夫三庙，士一庙。《礼记·祭法》则说，王立七庙一坛一墠，即考（父）庙、王考（祖父）庙、皇考（曾祖父）庙、显考庙、祖考庙，另有远祖之祖庙二，称为"二祧"者。诸侯立五庙、一坛一墠，即考庙、王考庙、皇考庙、显考庙、祖考庙。大夫立三庙二坛，即考庙、王考庙、皇考庙。上士立二庙一坛，即考庙、王考庙。中士、下士一庙，即考庙。庶士、庶人无庙。汉代经学家刘歆认为，周人宗庙自始祖稷以下有文王、武王两宗没有列入七庙的数目中，他们的庙称为"世室"，因此实为"九庙"。后代不少学者赞同此说。不过，"七庙"也好，"九庙"也好，随着世代延续，总是不够的，对于渐渐远去的"亲尽"之庙，礼仪规定有"毁庙"制度。即除始祖之外，不在"七庙"之数的远祖的宗庙平时都不再加以祭祀，神主移入"祧庙"内，藏在石函或专设的房间里，每当祫祭时才拿出来。祫祭就是合祭，把远近祖先的神主集中在一起进行总祭，三年一祭。

毁庙：亲过高祖者移神主于太庙之称。《公羊传·文公二年》："毁庙之主，陈于大祖。未毁庙之主，皆升，合食于大祖。"何休注："毁庙，谓亲过高祖，毁其庙，藏其主于大祖庙中。"

讳：①对帝王将相或尊长不直称其名谓讳。《礼记·曲礼上》："礼不讳嫌名，二名不偏讳。逮事父母，则讳王父母；不逮事父母，则不讳王父母。"②人死后书其名冠以"讳"，以示尊敬。如《三国志·魏志·武帝纪》："太祖武帝，沛国谯人也，姓曹讳操。"

加冠：皇太子年满20行加冠之礼以示成年。此礼周朝已有。隋朝加冠前，皇帝及皇太子皆行斋戒礼，遣太尉以制币告七庙。届日有司设帐于崇正殿，皇太子空顶帻公服而出，立东阶之南，面向西，使者先奉三梁冠、次奉远游冠，然后太子拜受，宾赞皆拜。历代相沿。

醢人：《周礼》天官之属。掌治肉汁，供王、后、世子膳馐，及祭祀、宾客使用。

秦代遵用天子七庙制度

秦国的宗庙在雍城、咸阳一带。秦始皇死后，胡亥尊始皇庙
为帝者祖庙。

汉初长安高庙与陵墓原庙并立

汉代初年在长安建立高庙。汉高祖死后，增加每月出游高祖
衣冠的礼仪，在高庙之外又另建"原庙"，收藏高祖的衣冠、车驾。
宗庙之外，汉代帝王陵墓旁都建有寝殿，仿其生前起居闲宴之所。
这一制度为后代沿用，改称"祾恩殿"或"隆恩殿"。另外，当
时各诸侯王国也都立有祖宗之庙，直到元帝时才下令废去。

汉代王莽新朝庙制复古

王莽改制"一庙改九庙"，其建筑群位于长安城安门和西安
门向南延伸的平行线之内。这组建筑群由12座建筑组成，每座
建筑形式完全相同，都由中心建筑、围墙、四门和围墙四角的曲
尺形配房组成，中心建筑和围墙的平面均作方形，轮廓如"回"字，
规矩方正，分毫不差。

东汉光武帝"同堂异室"庙制的形成

从文献有关记载和考古发现来看，至少在秦至西汉时期，每个王（或皇帝）都单独立有宗庙，在宗庙建筑形制上实行的是每王（帝）异庙的制度。西汉末年赤眉军攻克长安，焚毁汉家宫殿宗庙。光武帝徙都洛阳后，乃将西汉帝王十二陵合入高庙，作十二室。光武帝死后，明帝为他立了世祖庙。明帝临终遗诏，不准为他建立寝庙。他死后，庙主藏于世祖庙别室内。其后，古礼为之一变，独立的昭穆之庙变为"同堂异室"之制，即在一庙之内依世次分为若干室加以祭享。宗庙正祭为四时孟月及腊，一岁五祭，后代基本上沿袭了东汉制度。东汉在沿袭古礼以及西汉皇帝七庙制度的同时，改变传统的为去世的王（或皇帝）单独立庙的成法，实行皇帝宗庙同堂异室之制，并为后世历朝历代相沿用，其对后世皇帝宗庙制度的产生具有深远的影响。

西晋和隋炀帝恢复周礼"异庙制"未能施行

西晋武帝泰始二年（266）、隋炀帝大业元年（605）都曾经试图恢复周礼，实行每帝异庙制度的议论，但是都未付诸实施。

北宋、辽、金、元太庙曾施行"御容"制度

北宋起，宗庙祭祀时挂有先祖的"御容"（画像），而后又有

塑像、金像、玉石像等。宋神宗元丰五年（1082），建景灵宫十一殿，将原在各寺观供奉的祖先的"神御"，全都迎入宫中。并合以帝后画像，按时荐享祭奠。有人认为，这是汉代"原庙"制度的演变。景灵宫后来不断扩建，至北宋末年已有斋宫廊庑2300余区，历朝文臣执政官、武臣节度使以上都绘有图像陪祀。辽、金制度与宋相似。在金都衍庆宫中，金太祖画像有12幅之多，包括立像、坐像、戎装像、半身像等等。元代供奉先祖的宫殿"神御殿"，亦称"影堂"，画像由"纹绮局"织锦而成。祭仪采用汉制，但仍由蒙古巫祝致辞。武宗至大时，宗庙神主曾改用纯金制作，结果立即成为盗贼的绝好目标，30余年间曾经三次严重失盗。

明代嘉靖年间"一庙改九庙"后又改回

明初，南京、北京都有太庙，北京太庙在紫禁城端门之左。朱厚熜以正德皇帝继子的身份当上皇帝，年号嘉靖。他一直力图把自己的本生父亲兴献王的牌位送入太庙供奉，但这有违太庙重大礼仪。他的本生父亲未当过皇帝，牌位不能进入太庙供奉。他的企图受到大臣们的反对，于是他采用了迂回的办法，先在太庙附近建献帝庙。嘉靖四年（1525）

明世宗朱厚熜

五月，嘉靖皇帝下令开始建献帝世庙，位置在太庙的东北。嘉靖五年（1526）九月，献帝世庙建成。嘉靖十三年（1534），南京太庙因火灾被毁，便不再恢复，将遗址筑墙封闭。

嘉靖十一年（1532），一个叫廖道南的官员上奏请求将一个太庙改建为九个太庙，即将合祀制改为分祀制。皇帝批准了他的奏章，因为这样就可以顺便使自己的父亲献帝世庙进入先帝系列，使自己的父亲获得与去世的皇帝相同的地位。嘉靖十三年（1534），嘉靖皇帝正式准备改建九庙，朝廷讨论方案；最后，世庙比其他庙高的方案得到嘉靖皇帝的认可。嘉靖十四年（1535）二月，皇帝亲往太庙享殿祭祀先帝和社稷，开始分建九庙。

嘉靖十五年（1536）十二月，九庙建成。各个庙都是都宫的格局，祖宗各建专用的庙。太祖居中，文皇世庙在太祖东北，位置居于仁宗、宣宗、英宗、宪宗、孝宗、武宗六庙之上，昭、穆太庙分别排列在太庙的左右。每个庙都有正殿，正殿后面是寝殿，是神主平日保藏的地方。在寝殿的后面另有祧庙，收藏远祖的神主。太庙的庙门和殿都朝南，其他庙门分别朝东或朝西。

同时改建了皇考庙，也就是嘉靖皇帝父亲的庙，称作睿宗献皇帝庙，改建后的位置在太庙都宫的东南。将原来的世庙改称景神殿，寝殿改称永孝殿，供奉祖宗皇帝、皇后的画像。嘉靖十七年（1538），又将献皇帝庙改题睿宗庙。这一年制定了时享和祫祭的礼仪，凡是在立春祭祀时，皇帝要亲自到太庙祭祀，还要派遣大臣分别祭祀其他先祖，派遣内臣分别祭祀各位先祖的皇后；立夏的时候进行合祭，各自把神主奉请到太庙，太祖面向南，成祖面向西，位置在其他的先皇之上，仁、宣、英、宪、孝、睿、武宗东西相对；秋、冬时合祭，仪式和立夏时相同。嘉靖二十年（1541）四月夜间，新建的九庙遭灾，八座庙被雷火烧毁，只有睿宗的世庙未毁。

嘉靖二十三年（1544）四月，礼部和朝廷的群臣商议，将太庙恢复同堂异室的规制，嘉靖皇帝说："料造已会计明白，只并力早成。"意思是说：我料到群臣开会已经把太庙合祀的事情讨论清楚决定下来了，我只好听从大家的意见。既然定了下来，就赶快征集力量早日修建完成吧。这样，太庙的规制重新确定下来。同年夏天，开始修复太庙。

嘉靖二十四年（1545）六月，礼部上奏说：太庙大体修复完成，只剩下细节的地方还没有完工，建议在秋季祭祀先祖的时候，将各位祖先的神主奉安到景神殿。嘉靖皇帝说：太庙的工期，你们原计划秋天祭祀的时候可以完成，现在既然完成了，还等什么？这件事亟须选择吉祥的日子安放祖先的神主，安排礼仪进行祭祀。

七月，太庙修复完成。举行礼仪，并下诏书告之天下，百官都来祝贺。修建一新的太庙仍然在皇宫的左前方，正殿9间，前面东西有配殿，正南是戟门，戟门的左面是神库，右面是神厨，再往南是太庙的庙门，庙门外东南是宰牲亭，南面是神宫监，西面是太庙的街门，太庙正殿的后面是寝殿，是奉安列位祖先神主的地方，再往后是祧庙，是奉安远祖神主的地方。这一年还规定岁末合祭的时候，只在享殿祭祀先祖的衣冠，而神主不请出寝殿。

太庙的礼乐文化

　　祭祀礼乐产生于太庙。"礼乐"的作用是处理人与自然，人与祖先，人与人之间关系秩序的规则。包括内涵和形式两个方面。"礼乐"逐步发展完善，形成了历代帝王所实行的"五礼"。礼乐的基本内容包括：古代帝王出行的卤簿制度，祭祀和庆典程序制度、乐舞制度。体现古代国家的权威，约束皇族和朝臣的行为，规范社会的礼仪，实现教化。以此稳定社会秩序，促进社会的发展。笔者用三个词来概括礼乐文化的重要作用：秩序、和谐、创造。这是中华文化不中断并很长时间领先世界的根本原因。祭祀的礼仪庄重虔诚。出行的卤簿浩大威严。礼乐表演的雅乐平和中正，五音齐备，八音克谐；舞蹈或斯文柔美，或尚武阳刚，成为中华文化艺术"高不可及的范本"。这是中华民族保持民族特征的源泉，是人类极为珍贵的文化遗产。

太庙是礼乐文化的源头

中国历来是"礼仪之邦"，礼仪在政治文化和社会生活中占有极其重要的地位。古代的礼仪有广义和狭义之分。广义的礼仪范围很广，政治制度、朝廷法典、天地鬼神祭祀、水旱灾害祈禳、学校科举、军队征战、行政区域划分、房屋陵墓建造、衣食住行、婚丧嫁娶、言谈举止都和礼仪有关。狭义的礼仪是近代逐步缩小为礼节和仪式的内涵。太庙的"礼"是包含在广义的礼仪之中的。

荀子说"礼有三本"，"天地者生之本""先祖者类之本""君师者治之本"。礼仪是为了处理人与神、人与鬼、人与人的三大关系而制定出来的。太庙之礼是处理人与鬼、人与人两大关系的，可见其在礼仪中的重要地位。

阶级社会最本质的特征之一，就是把人划分为尊卑贵贱的不同等级，用以维护这些不同等级的制度就是"礼"，把诸多的礼通过各种不同形式、方式表现出来就

祭祖礼器——瓷爵

是"仪"。《荀子·富国》云："礼者，贵贱有等，长幼有差，贫富轻重皆有称者也。"《礼记·哀公问》云："民之所以生，礼为大。非礼，无以节事天地之神也；非礼，无以辨君臣、上下、长幼之位也；非礼，无以别男女、父子、兄弟之亲，婚姻疏数之交。君子以此之为尊敬然。"每个人都在礼的约束下生活，君君、臣臣、父父、子子，等级森严，不可僭越，不能改变。

在封建社会中，皇帝是最高的统治者。为了维护君权至高无上的独尊地位，朝堂、宫廷礼仪尤其繁复严格，其礼仪大体分为五类，即吉礼、嘉礼、宾礼、军礼、凶礼。吉礼用于祭祀，嘉礼用于喜庆，宾礼用于接待宾客，军礼用于征伐，凶礼用于哀邦国之忧。

古代帝王五礼

中国古代帝王行吉礼、凶礼、宾礼、军礼、嘉礼五种礼制。《周礼·春宫·大宗伯》将五礼作了具体规定，以吉礼事邦国之鬼神示；以凶礼哀邦国之忧；以宾礼亲邦；以军礼同邦国；以嘉礼亲万民。《周礼·地宫·大司徒》明确五礼之目的，以五礼防万民之伪而教之中。秦统天下，悉前代礼仪采择其善，为朝廷所用。汉以后则视礼乐为国者之急，并以此作为帝王活动的一部分，更趋于制度化，定以祭祀之事为吉礼；冠婚之事为嘉礼；

明正统年间司礼监刻本《礼记集说》（故宫博物院藏）

宾客之事为宾礼；军旅之事为军礼；丧服之事为凶礼。此后虽然历朝帝王礼仪活动所含内容不尽相同，名称各异，然而纵观中华几千年文明史，历代帝王皆备五礼而不改。

太庙祭祖卤簿的使用和发展

古代帝王出行仪仗——卤簿

卤簿：帝王出行，有大驾、法驾、小驾之别。大驾，公卿奉引，太仆驾车，大将军参乘。秦汉时属车八十一乘，备千乘万骑。晋因之。隋开皇中改为十二乘，旋改为三十六乘。唐仅用十二乘。宋承唐制，多用于郊祀等大典。

皇帝即位之后，以大驾卤簿（规模最大的仪仗告祀队，清代改为法驾卤簿）为导从，去太庙（始祖之庙）祭祀列祖列宗，以示不忘所出，并求得列祖列宗在天之灵的庇佑。由于开国之君是第一代皇帝，为了显示血统的高贵，还要追尊列祖列宗以帝号。朱元璋追尊其高祖考曰玄皇帝，庙号德祖；曾祖考曰恒皇帝，庙号懿祖；祖考曰裕皇帝，庙号熙祖；皇考曰淳皇帝，庙号仁祖，妣皆皇后。追尊四册宝。

告祀宗庙之后，再告祀社稷。社为土地之神，稷为五谷之神。土地与五谷乃是立国之本，社稷实为护国之神。因此，皇帝登基，必告祀社稷，祈佑国泰民安。

皇帝御殿，接受百官朝贺。

皇帝在告祀天地、太庙、社稷之后，身着衮冕之服，御奉天殿，接受百官的进表和朝贺。衮冕之服是祭祀太庙时所穿戴的礼服礼帽，着衮冕之服表示是因袭先帝之德而继承大位。

顺治元年（1644），清军进入北京。十月初一日，顺治皇帝福临再次举行登基典礼，表示由东北一隅而君临天下。届日，遣官告庙、社，备大驾卤簿，顺治帝身穿祭服。

卤簿的使用范围是祭祀、朝会、外出和行幸。大驾卤簿，用于郊祀祭天；法驾卤簿用于朝会和太庙祭祖；銮驾卤簿，用于平时出入；骑驾卤簿，用于行幸。

如皇帝即位。嗣君是承天命继父祖之业而即大位的，因此在即位的仪礼中，必祭告天地、祖宗。霍光说："宗庙重于君，陛下未见命高庙，不可以承天序，奉祖宗庙，于万姓，当废！"可见"见命高庙"是汉代皇帝即位不可缺少的仪式。

魏、晋、唐、宋、元、明诸朝嗣君即位,虽仪式不尽一致,但有两点是共同的:一是祭告天地、宗社;二是乐器设而不奏,仪式隆重肃穆而无欢乐气氛。即位时,先是派遣官员代表嗣君祭告天地、宗庙和社稷,然后在宫内举行登基仪式。

到明代,即位仪式已经十分完备。

满族是东北偏远的少数民族,原本没有卤簿制度,清代的卤簿制度是逐步向明朝学习、承袭而来的。接受中原汉族文化,是清廷能够入主中原、实行统治达200多年的一个重要因素。

努尔哈赤在天命元年(1616)统一女真部落,建立政权,国号大金。为了扭转落后的现实,以汉人为样板,努力模仿明朝的典章制度,出现"张黄盖,鸣鼓奏乐"等礼仪,产生了卤簿的萌芽。天命十一年(1626)九月一日,在皇太极的即位典礼上,已经"具法驾,设卤簿"。皇太极即位以后,于天聪六年(1632)效仿明朝,以《皇明会典》为准绳建立了正式的卤簿制度,规定了卤簿的等级与惩罚制度:"凡近地往来,御前旗三对,伞二柄,校尉六人;大贝勒旗二,伞一柄,校尉四人;诸贝勒等各旗一对,伞一柄,校尉二人。"并规定"违例者,罚以羊"。

崇德改元之后,皇太极为了进一步巩固统治地位,加强中央集权,对朝仪礼法也进行了某些改革,规定更加详尽。如:崇德元年(1636)复定仪仗数目,用金漆椅一,金漆杌一,蝇拂四,金唾盆一,金壶一,贮水瓶一,金盆一,香炉二,香盒二,曲柄伞一,直柄伞四,扇二,节四,星二,立瓜二,卧瓜二,吾杖六,红杖四，大刀六，长戟六，撒袋六，纛十，旗十，鞍马十，锣二，鼓二，画角四，箫二，笙二，驾鼓四，横笛二，龙头横笛二，檀板二，大鼓二，小铜钹四，小铜锣二，大铜锣四，云锣二，唢呐四。仪仗人数供给二百七十人。

随着国家机构和体制的日趋完备，文武百官、新老权贵形成了一个庞大的统治集团。为巩固皇权和尊卑有序的等级制度，皇太极于崇德年间下令："定内外亲王、郡王、贝勒等仪仗。""亲王销金红伞二，纛二，旗十，立瓜、星各二，吾杖四；郡王销金红伞一，纛一，旗八，卧瓜二，吾杖四；贝勒销金红伞一，纛一，旗六，星二，红杖二……"此外尚有贝子、镇国公、辅国公、王妃等仪制。卤簿仪制的各种等级内容基本健全，标志着清朝前期卤簿制度的正式建立。

顺治元年（1644），清军进入北京。同年八月，摄政王多尔衮在北京指挥各部做好迎接顺治入关的一切准备工作，其中卤簿仪仗就是一件头等大事。

在顺治即将率领盛京皇宫的全体官员及家族到达北京之际，"礼部启请，车驾将临，应恭办卤簿仪仗等物"。摄政王下令"速行造办"。九月，"礼部启言，圣驾至京，文武百官迎接礼应行豫定。先期工部、锦衣卫修治道途，设殿于通洲（州）城处，南向司设监设帷幄、御座于中，尚衣监备冠服，锦衣卫设卤簿仪仗，旗手卫设金鼓旗帜，教坊司设大乐"。十月，清军入关，定鼎燕京，主要注意力仍集中于军事方面，但同时也十分注意学习明朝的各项典章制度。卤簿仪制随之日益完善。顺治三年（1646）五月，定卤簿仪仗及诸贝勒、贝子、公等仪仗。定引导之制，御前卤簿：马五对，纛二十杆，旗二十执，枪十杆，撒袋五对，大刀十口，曲柄黄伞四，直柄黄伞八，红伞二，蓝伞二，白伞二，绣龙黄扇六，金黄素扇四，绣龙红扇六，彩凤红扇四，吾杖二对，豹尾枪四根，卧瓜二对，立瓜二对。摄政王、辅政王、和硕亲王、多罗郡王、多罗贝勒、镇国公、辅国公等均有定制。

顺治入关，定鼎之初所定卤簿仪制，虽每项有所增益，从仪物的品种、数量上予以丰富，渐趋繁缛，在内容、仪物方面比太宗朝有了一定的发展，但在体制上仍是遵循崇德旧制。

到顺治三年（1646）以后，所更定的卤簿仪制，就有了很大的变动和发展。开始有大驾卤簿、行驾仪仗、行幸仪仗之别，并

清宫卤簿仪仗——旗帜

分情况而使用。大驾卤簿用于朝祭，行驾仪仗用于行幸皇城之内，行幸仪仗用于巡行省方。除了车骑、刀枪外，各种旗、幡、伞、幢等品种的数量大增，为卤簿仪仗增添了绚丽的色彩，卤簿的礼仪功能变得更为突出。如大驾卤簿规制：曲柄九龙伞四，直柄九龙伞十六，直柄瑞草伞六，直柄花伞六，方伞八，大刀二十，弓矢二十，豹尾枪二十，龙头方天戟四，黄麾二，绛引幡四，信幡、传教幡、告止幡、政平讼理幡各四，仪锽氅八，羽葆幢四，青龙、白虎、朱雀、玄武幢各一，豹尾幡、龙头竿幡各四，金节四，销金龙纛、销金龙小旗各二十，金钺六，马十，鸾凤扇八，单龙扇十二，双龙扇二十，拂子二，红镫六，金香炉、金瓶、金香盒各二，金唾壶、金盆、金杌、金交椅、金脚踏各一，御仗六，星六，篦头八，棕蔗三十，静鞭三十，品级山七十二，肃静旗、金鼓旗、白泽旗各二，门旗八，日、月、风、云、雷、雨旗各一，五纬旗五，二十八宿旗各一，北头旗一，五岳旗五，四渎旗四，青龙、白虎、朱雀、玄武、天鹿、天马、鸾麟、熊罴旗各一，立瓜、卧瓜、吾杖各六……凡郊祀大典、万寿、元旦、冬至三大朝会及诸典礼皆用之。

由御前卤簿至亲王仪卫等一系列规制改变为大驾卤簿、行驾仪仗、行幸仪仗三个等级的具体划分，是对太宗朝崇德旧制的重大改变，表明清前期卤簿仪制至世祖朝已发展到高峰。

综上所述，清前期之卤簿仪制萌芽于太祖朝，产生于太宗朝天聪六年（1632），崇德元年（1636）又复定仪仗数目，至世祖入关定鼎，参稽往制，加量增饰，遂定皇帝卤簿，有大驾卤簿、行驾仪仗、行幸仪仗之别，这样，前期卤簿仪制至世祖朝已比较完善，只是还未最后成例。

卤簿仪制最后成例，是在清中期即乾隆十三年（1748），更大驾卤簿为法驾卤簿，行驾仪仗为銮驾卤簿，行幸仪仗为骑驾卤簿，合三者为大驾卤簿。从乾隆朝开始，清朝卤簿制度定为四等，即大驾卤簿、法驾卤簿、銮驾卤簿、骑驾卤簿。至此，清朝卤簿最后形成定例。

皇帝的御用车辆

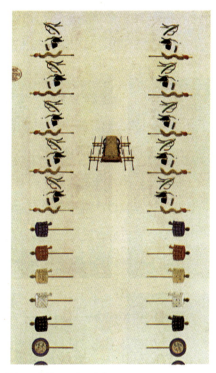

骑驾卤簿图（局部）

御车总称"辂车"。辂车之中又分大辂、玉辂、金辂、象辂、革辂、木辂。从周代起一直延存到明、清，虽然历代车制有所变化，但这种制度长期不废。因此，供皇帝乘坐的车就有多种。

大辂：辂车在殷周时期称大辂，此时的辂车属单辕双轮，中间的车厢称舆，呈左右长方形，即前后短，左右长，有的还从中间一分为二。

上古时期大辂车虽然结构简单，但却装饰得非常精美。

直到明代，还有大辂车建造。洪武初，定大辂车一乘，高一丈三尺九寸五分，阔八尺五分。辂上平盘前后，车棂并雁翅及四垂如意滴珠板，其下辕二条，皆朱红漆，各长二丈二尺九寸五分，用镀金铜龙头、龙尾、龙麟叶片装订，前施红油，象搭攀皮一条。平盘下方，厢四面朱红漆，匡各十二隔，内饰绿地描金，绘兽六（即麟、狮、犀、象、马、鹿）、禽六（鸾、凤、孔雀、朱雀、雉、鹤）。盘左右下有护泥板，车轮二，贯轴一，每轮辐十八条，辋全是朱红漆，抹金铜在叶片装订。轮内车心各一，用抹金铜及莲花瓣轮盘装订。辂亭高六尺七寸九分，四柱长五尺八寸四分，槛座高九寸五分，皆朱红漆，前二柱戗金，柱首宝相花、中云龙文、下龟文。锦门高五尺一寸九分，阔二尺四寸九分，左右门各阔二尺二寸五分。前面和左右各有朱红漆隔扇二，后面是朱红漆屏风，上雕沉香色描金云龙五。亭内设朱红漆匡软座，上施花毯、锦褥等。朱红漆座椅一把，靠背雕沉香色描金云龙。亭外用青绮缘边朱红帘十一扇。辂顶并圆盘三尺一分，顶带仰覆莲座高一尺二寸九分，以青饰辂盖。亭内周围贴金，斗拱承朱红漆匡宝盖，斗以八顶，冒以黄绮，谓之黄屋。屋顶四角垂青绮络带四条，各绣五彩云升龙三。辂亭前有左右转角栏杆二扇，后面有一字带左右转角栏杆一扇，前后栏杆共十二柱，各柱首雕木贴金蹲龙。可见，明、清时的大辂车比上古时代还要宏丽精美许多倍。

玉辂：玉辂以玉装饰，形制与大辂基本相同。周代的玉辂，配有锡樊缨和太常十二旗，旗长九仞而曳地，上面有日月龙图。西晋时的玉辂，朱班漆轮，每轮三十辐，重毂贰辖，油以赤漆，宽八寸，长三尺，系两轴头，称为飞軨。扶轼上面有兽纹，车舆上描金绘龙，衡长的龙头，口中衔着轭，青色顶盖，用黄色丝绢包裹，称为黄屋。至清代，玉辂更加精美，其高度和装饰仅次于明代的大辂车。其形制为：木质涂朱，圆盖方轸（古代车后的拱木），饰以青色，衔玉圆板四；冠金圆顶，镂金垂云承之，绣金云龙及羽文相间，系绣金青缎带四条；四柱描绘金龙，门垂朱帘，四面各三；环座设以朱栏，饰以金彩；栏内周布花毯，中设金云龙宝座；两轮各有十八幅，镂花饰金；二辕贯轴，两端饰金龙首，尾后又飘带，全用青缎做成；旌旗上绣日月五星，飘带上绣二十八宿，里面全绣金龙，下垂五彩流苏；杆攒竹涂朱漆，并缀朱旄五，垂青缕；外用纳陛五级，左右栏皆涂朱漆，饰金彩。

金辂：历代帝王所乘之车。属天子五辂之一，因其以金饰而得名。周制为：马身着马带及马鞅九匝，以五彩罽饰；车设九旗，画交龙于旗上。以后各代沿袭，其制略异，驾车之马或四或六，唯清代驾用一象。

其余象、木、革三辂，建制与玉辂基本相同，只是车的颜色和某些部分有所不同。以上玉、金、象、木、革五辂全供历代皇帝朝会时陈设，虽然实用价值不大，但也可说是中国古代车的杰作。

辇车：不用服马，而用人挽，故名辇车。郑康成说，周代辇车不装饰，只涂漆而已。后居宫中，从容所乘，人挽之以行。车高三尺三寸，有雉羽盖以御风尘日晒。唐代辇车发展为七种，即大凤辇、大芳辇、仙游辇等。辇车相当于皇帝木辂，皇后五辂，自安车以上皆有车盖，自翟车以上皆有握，自辇车以上皆有翟羽。

皇后五辂的等级大致如此。

清代皇帝的坐轿为金辇，其制为：圆盖方轸，以泥金衔金圆板四块饰辇盖，冠金圆顶；门帘冬用黄毡，夏以朱帘，抬用二十八人。

乐舞制度

中国古代社会的礼乐制度有着悠久的历史，礼乐和祭祀活动的关系极为密切，甚至可说祭祀是礼乐的起源和最重要的组成部分。凡祭祀等"礼"，举行时必然要伴以歌舞，这是从原始时期以来的传统，古人所谓"礼没有乐伴随，便不能施行"的论断，正是对于这种传统做的总结。早在商代，祭祀等活动就一定要伴有隆重的乐舞。如尚乐舞，是以音乐与神鬼对话，认认真真唱给神鬼听的。乐舞成为娱乐神鬼、人神沟通的重要手段。

礼乐制度是中国古代社会对于严密的宗法等级制度的强化和固定。某一等级的人，只能享用这一等级的礼乐。音乐使用等级的范围包括对乐舞名目、乐器品种和数量、乐工人数等的绝对限定，超出规格就是严重违法。各等级贵族自己和相互之间的活动中，基本采用所规定的雅乐，也就是岐周音乐，能够在一定时期内起到加强宗族观点，形成"天下一家"思想的作用。

卤簿的音乐和舞蹈是礼仪表演的重要组成部分，音乐根据传

统的音律，使用传统的乐器，进行音乐的演奏，经长期的发展而
形成隆重庄严的风格。舞蹈根据原始宗教、农事、狩猎和征战的
舞蹈，经长期的发展而形成用于祭祀等重大活动的宫廷雅乐，最
后形成周代礼仪乐舞的典范，为历代所尊崇，成为太庙祭祀祖先
大典的精彩内容。

雅乐：古代帝王用于宫廷典礼和祭祀之乐舞。因其音乐"中
正和平"、歌词"典雅纯正"，故名。雅乐起源于周代礼乐制度，
雅乐之名始自春秋。周代"六舞"被后世奉为雅乐典范，《诗经》
中许多诗篇为周代雅乐歌词。秦汉以后，各朝开国皆创作本朝雅
乐，多不离"六舞"文舞、武舞之基本模式。秦朝改《大武》曰
《五行》，改《韶乐》曰《文始》。汉高祖命叔伯通因秦声制宗庙乐。
以《大风歌》《巴渝舞》入雅乐。武帝《十九章》有赵、代、秦、

清宫乐舞指挥器——麾

楚之讴。三国魏杜夔制雅乐，沿承汉代，无多改变。南朝梁武帝改《九夏》之乐曰《十二雅》，实为新创。北朝之雅乐更多地融合北方少数民族音乐成分。隋朝雅乐并用胡声及吴楚之声。开皇十四年（594），旧有曲调被牛弘改易，仁寿二年（602）牛弘更制雅乐新词。唐初祖孝孙改十二雅为十二和，号"大唐雅乐"，并以《治康》《凯安》为文舞、武舞。仪凤二年（677）以新创之《庆善乐》为文舞，

以《破阵乐》为武舞。后来又复用《治康》《凯安》为文舞、武舞。唐以后，雅乐形式日趋僵化，多求复古。五代后汉时改十二和曰十二成。后周王仆奉诏详定雅乐十二律旋相为宫之法，始有王仆律影响及宋。宋代雅乐几经改易，至徽宗时颁以《大晟乐》为雅乐。清代以《中和韶乐》为雅乐。

宴乐：又名燕乐。"宴乐"初见于《周礼·春官》。周代宴乐亦称房中乐，用于祭祀飨食，亦为食举乐。《通典·乐》云："天子食饮时，有食举乐。"南朝宋王僧虔将相和歌划归宴乐，其《宴乐伎录》辑录大量相和旧曲。后世宴乐，泛指宫廷宴饮、游乐所用之俗乐。隋、唐时的七部乐、九部乐、十部乐、坐部伎、立部伎等统称宴乐。宋沈括《梦溪笔谈》云："先王之乐为雅乐，前世之声为清乐，合胡部为燕乐。"把传统俗乐杂以少数民族及外来之音乐称"燕乐"。唐九部乐、十部乐及坐部伎中狭义之燕乐即指《景云河清歌》，有景云乐、庆善乐、破阵乐、承天乐四部。《旧唐书·音乐志》载："宴乐奏之管弦，为诸乐之首。"此狭义之宴乐传入辽，称"大乐"。宋教坊宴乐分大曲部、法曲部、龟兹部、鼓笛部四部。此四部宴乐于靖康以后传入金，称"散乐"。各代宴乐由于俗乐之演变，其形式不尽相同。汉代宴乐有相和歌、百戏等，唐代宴乐多歌舞曲目（包括大曲、法曲）、戏弄，宋代以后宴乐包括杂剧、传奇等。

燕私：天子诸侯因祭而燕同姓于宗庙之寝以敦亲睦之礼。祭庙毕，因其酒肉，留助祭之同姓合燕于庙之后寝以尽私恩，所以亲骨肉、教民睦也。"燕"同"晏"，对异姓而言，同姓为私，故曰燕私，其礼之详已不可考，仅知其以昭穆为序明世次，依毛发之色别长幼以为座次，将燕之时，祭庙所用之乐器皆入奏于寝，而乐不同于祭。

宫调：古代律制。宫、商、角、变徵、徵、羽、变宫为七声，其七声与十二律相配产生各种调式，凡以宫相配者称"宫"，其他称"调"，统称"宫调"。以七声十二律可得十二宫七十二调，合为八十四宫调。历代所用宫调无有及此者。如唐燕乐共二十八宫调，南宋词曲音乐七宫十一调，元代北曲六宫十一调，明、清南曲用五宫八调。通常所用只有五宫四调，即《辍耕录·论曲》所谓"九宫调"。

明中和韶乐：中和韶乐一词，首见于明初。明朝建国之初即设典乐官，置雅乐，朱元璋还曾亲自敲击石磬试定音律，设太常司主持祭祀礼乐事宜，招冷谦为协律郎，编制乐章声谱，并教令乐生肄习。朱元璋还根据雅乐具有的中正平和的乐理特点和思想理念，将雅乐更名为中和韶乐，此后雅乐即改称为中和韶乐。

中和是中庸之道的主要内涵，是一种伦理道德，受到古代儒家学派极力推崇。《礼记·中庸》："喜怒哀乐之未发谓之中，发而皆中节谓之和；中也者，天下之大本也，和也者，天下之达道也。致中和，天地位焉，万物育焉。"即人的修养能达到中和境界（即致中和），就会产生"天地位焉，万物育焉"的效果。

明朝的大朝会、大祀、中祀皆用此乐。其乐器系由金、石、丝、竹、匏、土、革、木八种质料制成，是历代帝王按《尚书》"八音克谐"的要求由先秦的乐悬、登歌合并缩减而成的宫廷雅乐。明中和韶乐乐器包括：编钟二（一簴十六枚），金属；编磬二（一簴十六枚），石属；琴十，瑟四，丝属；箫、横笛各十二；排箫、篪各四，竹属；笙十二，匏属；埙四，土属；应鼓、搏拊各六，革属；柷、敔各一，木属。指挥器麾一。祭祀乐中，大祀、中祀用乐与此所用乐器相同，只数量略有差别。乐曲风格皆为一字一音。

明太祖朱元璋龙袍像

八佾之舞：古代祭祀时所用的乐舞。佾，乐舞行列的名称。清代佾舞只用于大祀及中祀，舞用八佾，即八行、每行八人，共六十四人。又有武舞（武功之舞）、文舞（文德之舞）之分，武舞用干、戚，文

太庙时享初献武舞就班图

太庙时享亚献文舞就班图

舞用羽、龠。

清代祭祀乐舞所用主要乐器介绍如下：

编钟、镈钟：古代用于祭祀和祈福的打击乐器，也是礼器。钟的形状是扁圆形，中空，靠柄或钮来悬挂。钟分为三种：带长柄的钟叫"甬钟"，带钮的钟叫"钮钟"。这两种钟都是钟口两端尖端下垂。第三钟是平口，体型最大，叫作"镈钟"。甬钟和钮钟可依音阶编列，成为编钟；镈钟一般单独使用，叫作特钟。这三种钟都能敲击出双音，和一般钟楼的只能发出一个音的圆口大钟不同。编钟最早见于西周中期，最初为二三口一组，以后逐渐增多。湖北随县出土的曾侯乙编钟多达六十四口，音域达五个八度。钟的置放形态是口朝下悬挂，与较早出现的同类乐器铙和钲置放的方向正相反——铙和钲是口朝上，但它们演奏发声都是靠

金镈钟

清乾隆金编钟之一——黄钟

敲击。清代太庙祭祖使用的是豪华的铜镏金镈钟和铜镏金编钟。编钟十六口，分为上下两层。这些钟非太庙专用，而是在祭祀时随乐队运来，仪式完毕后运回皇宫存放。

编磬

特磬、编磬：打击乐器，也是礼器。用石或玉雕成，一般雕成曲尺状，在折角处钻孔，穿绳悬挂于架上，击之而鸣。发音响亮，穿透性强（不易被其他声音淹没，传得远），且不易损坏。甲骨文"声"字，就是一个悬挂着的磬，旁画一耳或一手执槌敲打。体型较大、单件使用的叫特磬。特磬以单音加入演奏，起加强节奏和强调稳定音的作用。多个磬按大小、音阶排列，可以演奏复杂的音乐，称作编磬。

建鼓

建鼓：打击乐器，也是礼器，是一种大型的木鼓。由两端绷紧皮面的木制空心圆筒构成，鼓架座上垂直竖一根立柱，从木制的鼓身穿过，立柱的下端插入稳重的青铜底座。用木制鼓槌敲击时发出深沉的咚咚声。建鼓和编磬常立于编钟两侧，与编钟合奏。如与湖北随县曾侯乙编钟一起出土的就有建鼓。清代卤簿用的建鼓鼓面直径达 0.73 米，装饰龙纹，十分豪华。

搏拊：打击乐器，也是礼器，是一种较小的木鼓。清代卤簿乐舞使用的搏拊鼓面直径为 0.23 米，放置在雕刻精美的长方形硬木须弥座上。敲击声音清脆。

搏拊

篪：古代一种用竹管制成像笛子一样的乐器，有八孔，横吹。清代乐舞用的篪装饰有龙头，美观而华丽。

箫：管乐器。传说由舜帝发明，"其形参差，以像凤翼"，意思是说箫是由十几根或二十几根长短不一的竹管制成，发出的声音有"箫箫"声，所以叫箫。后代发明的用一根管子竖着吹的叫洞箫。清代卤簿所使用的箫就是洞箫，而非多管的古箫。

排箫：管乐器。许多竹管横排在一起叫排箫。清代卤簿使用的排箫形状似蝴蝶，长约 0.29 米。吹奏的多管部分类似现在的口琴。

排箫

笛：管乐器。竹制，左一孔为吹口，次孔加竹膜，右六孔皆上出，又叫作横吹。清代卤簿使用的笛长约 0.5 米，笛身装饰有精美的花纹。

琴：俗称古琴，是中国最古老的弹拨乐器，有 3000 多年的历史，被誉为"琴棋书画"四艺之首，在古代是地位最崇高的乐器。古琴充满着传奇的象征色彩。长三尺六寸五分，代表一年有365天；13个徽位，代表一年的12个月及闰月。琴面弧形代表天，琴底为平象征地，为"天圆地方"。所以古琴体现了中国天与地之间关系的观念。

瑟：中国原始的丝弦乐器之一，形似古琴，每弦一柱，但无徽位。共有25根弦。《诗经》中有"窈窕淑女，琴瑟友之"，"我有嘉宾，鼓瑟鼓琴"。清代卤簿所使用的瑟长达2米多，琴瑟合鸣，声若流水凤鸣，如南风月行，具有古典雅乐之美。

笙：簧管乐器，传说是由帝喾命锤制作。清代卤簿使用的笙以木质代替葫芦，上插竹管，有17个簧片，高0.5米多。

埙：用陶土烧制的一种吹奏乐器，外形、大小如鹅蛋，中间是空的，顶端开一吹孔，胸腹部开一个或数个指孔。埙是除骨笛之外，已发现的原始时期乐器中唯一能确定地发一个以上乐音的乐器，原始时期的埙只有一至三个音孔，只能吹出三至四个音。清代卤簿使用的埙高约7厘米。

龙纹埙

柷：古乐器，状如漆桶，方二尺四寸，深一尺八寸，中有椎柄连底，捅之令左右击。郭璞解释说："乐之初击柷以作之。"意思是在奏乐将要演奏的时候，敲击柷使演奏开始。清代卤簿使用的柷制作精美，侧面雕刻云纹，置于较矮的木质须弥座上，总高约 0.56 米。

敔：古乐器，又称楬，形如伏虎。
郭璞解释说："乐之末戛敔以止之。"
意思是在奏乐将要结束的时候，敲击
敔使演奏停止。清代卤簿使用的敔制
作精美，置于长方形木质须弥座上，
长约 0.7 米。

柷

清代太庙祭祖乐歌词

以下两组为时享和祫祭乐，各六章，均作于乾隆七年（1742）。

第一组：太庙时享乐。

迎神贻平：肇兹区夏，世德钦崇，九州维宅，王业
自东，戎甲十三，奋起飞龙，维神格思，皇灵显庸。

奠帛初献敉平：于皇祖考，克配上天，越文武功，
万邦是宣，孝孙受命，不忘不愆，羹墙永慕，时荐斯虔。

亚献敷平：毖祀精忱，洋洋如生，尊罍再举，于赫
昭明，僾然有容，汽然有声，我怀靡及，惕若中情。

终献绍平：粤若祖德，诞受方国，肆予小子，大犹
是式，欲报之德，昊天罔极，殷勤三献，中心翼翼。

彻馔光平：庶物既陈，九奏具举，告成于祖，亦右
皇妣，敬彻不迟，用终殷祀，式礼如兹，皇其燕喜。

还宫又平：对越无方，陟降无迹，寝祏静渊，孔安
且吉，惟灵在天，惟主在室，于斯万年，孝思无致。

第二组：太庙祫祭乐。

迎神开平：承眷命兮抚万邦，嗣丕基兮祖德昌，溯谟烈兮唐哉皇，虔岁祀兮式旧章，肃对越兮诚悃将，尚来格兮仰休光。

奠帛初献肃平：粤我先兮肇俄朵，长白山兮鹊衔果，绵瓜瓞兮天所佐，明之侵兮歼其左，混中外兮逮乎我，奉太室兮安以妥。

亚献协平：纷葳蕤兮列圣临，俨对越兮心钦钦，陈纤缟兮有壬林，击浮磬兮弹朱琴，恪溥将兮肃来歆，锡嘉祉兮天地心。

终献裕平：椒馁芬兮神留俞，爵三献兮旨清醑，万羽干兮乐孔都，礼明备兮罔敢渝，神醉止兮咸乐胥，永启佑兮披皇图。

彻馔诚平：祝币陈兮神燕娭，尊俎将兮反威仪，悦且康兮彻弗迟，不可度兮矧射思，礼有成兮釐百宜，鉴精诚兮茀禄绥。

还宫成平：龙之驭兮旋穆清，神之御兮式丹楹，瞻列圣兮僾容声，迥灵眄兮佑丕承，维神听兮和且平，继序皇兮亶休徵。

另外，乾隆十七年（1752）所作的《回銮祐平》："仪若先典，追孝在天，鸿庆遐鬯，烈光丕显，祝事明，神贶宣，福庶民，千万年。"也增加进时享乐舞当中。

以上时享乐歌词均为四言九句，模仿《诗经》格式写法；祫祭乐歌词模仿《楚辞》格式写法；最后的《回銮祐平》是长短句

中和韶乐——迎神·永丰之章

的写法。这些祭祀歌词和着音乐和舞蹈演唱，主要的意思是歌颂先祖的品行和功绩，表达尽孝道的虔诚之情和祈求国家平安延续的希望。

太庙的管理和祭祀制度

　　《论语》云："子入太庙每事问。"孔子在周礼完备盛行的时代，可称为祭祀的大专家。但当他有机会进入鲁国始祖的太庙时，仍认真虚心地向太庙的管理值事人员学习，甚至达到"每事问"的程度。这一方面说明了孔子谦虚好学的美德，同时也说明太庙的管理祭祀制度是多么繁缛复杂。具体说来，平日管理和祭祀活动，涉及的机构多、官吏多，涉及的方面很多：过程性的如出行、祭祀仪程、乐舞等；人事性的如赞引、仪仗、銮驾、护卫等；器物性的如祭品、祭器等；制度性的如祭礼级别、名号加封、昭穆顺序、后妃入祀、功臣配享等。可谓事无巨细。太庙无小事，制度的制定有千年的传承，且日臻完善，认真掌握需要下功夫。而各项制度的管理执行，以及各项大小活动的完美实施，则要有极高学识、经验和水平。

管理太庙的机构和职官

　　太庙祭祀祖先的礼仪是中国古代礼教的重要组成部分，历代皇帝都十分重视礼仪的制定和执行，历代中央都设有管理礼教的官员机构。殷商称作大宗，周代称作春官、大宗伯卿等，隋唐以后设立了礼部，由尚书掌管部务，主持朝廷典礼。后代沿用一直到清朝。

　　在中国古代社会里，宗庙祭祀是统治者——帝王的一项重要的社会活动，历代历朝帝王把宗庙、社稷与国家视为一体，逐步形成与建立起一套完整的、系统的宗庙制度。宗庙制度对祭祖礼仪有着严格的规制，在内容与程序上有极为详尽的文字依据和步骤，而且还有常设的管理机构——太常寺，负责太庙祭祀的各种

清代天子之宝（祭祀之用）

清代天子之宝印文

礼仪活动。皇室祭祖活动隆重、繁杂，突出体现了皇帝本人敬祖、祈求祖宗保佑后人康福的心情。

衙署和官职

礼部：官署名。北周时始置，由西汉尚书的客曹（北魏又称仪曹）发展而来。隋代开始为尚书省六部之一，称祠部。唐代改为礼部，主管典章法度、典礼、祭祀、学校、科举和接待四方宾客等事务，长官为礼部尚书（一称大宗伯），副长官为侍郎，下设礼部司、祠部司、膳部司、主客司四司。四司职官略同于吏部，历代相沿不变，清代末期废除，改设典礼院。

礼部尚书：官名。品级与吏部尚书同，自唐至清均规定为掌礼仪、祭祀、宴飨、贡举之政令。唐代一度改称司礼太常伯或春官尚书，旋复旧。按照清制，满礼部尚书兼管乐部、太常寺、鸿胪寺，汉尚书不兼。明代礼部尚书、侍郎多由翰林出身者任之，并兼翰林官衔，在六部中尤为华贵，往往由此入阁预机务。唯亦有在正员以外添差之礼部尚书，故同时为尚书者可不止一人。

太常：官名。《周礼·春官》："大宗伯一人，掌天地神祇人鬼之礼。"又名太宗，职司各种祭祀礼仪、旗物、音声等政务。秦名奉常，汉时改名太常，职司社稷、郊祀、宗庙礼仪、器物、兼选试博士。后代因之，不兼试博士，有少卿为之副，丞为综理庶务。北齐时名为太常寺，为九卿之首。其属有太乐、太祝、太宰、太史、太卜、太医令、都水、均官、诸庙寝园食官令、博士等。

王莽时又名秩宗。

太常博士：官名。秦置，汉代为太常选试国家所需人员。魏文帝时始成一种官属，掌导引乘舆，本儒家经典辨别礼仪，大礼赞其仪。另主王公大臣封谥，据其德业事迹褒贬之。

太常礼仪院：宋、元官署名。元至大元年（1308）以太常寺升，秩正二品。掌大礼乐、祭祀宗庙社稷、封赠谥号等事，设院使、同知、佥院、同佥、院判各二员。下辖太庙、郊祀、社稷、大乐四署。

太常礼院：官署名。唐置，掌管讨论礼制。宋代沿袭唐制，名义上隶太常寺，实专达皇帝，有判院、同知判院等官，寺与院事不相兼。康定元年（1040）置判太常寺等官，始并兼礼院事。

五礼之一的吉礼在清代也属礼部管理，其中就包括了地位非常重要的太庙的祭祀活动。乾隆十四年（1749），礼部设满洲尚书一人，并兼管乐部、太常寺和鸿胪寺事务。礼部尚书一般由亲王、郡王、大学士担任，左右侍郎各一人。

清代沿袭明代，设立太常寺掌管坛庙祭祀的事宜，设管理大臣一人，例由满洲吏部尚书兼任，下设置卿满、汉各一人，少卿满、汉各一人，寺丞满、汉各二人。暂礼郎宗室二人，满、汉二十八人，学习暂礼郎宗室四人，满五人，汉十四人。读祝官宗室一人，满十一人，学习读祝官宗室三人，满五人。

太常寺"掌管祭祀之仪，辨其器数，与其品物，大祀、中祀、群祀各率其属以共事"。清朝的祭祀分为大祀、中祀、群祀三种。祭祀天地、太庙、社稷为大祀。祭祀日月、先农、先蚕、历代帝王、先圣、先贤、关帝、文昌、太岁为中祀。祭祀群庙（先医、太昊、炎帝、黄帝、诸神）、群祠（忠烈名臣）等为群祀。祭祀前，太常寺都要奏报，并开列承祭官、分献官、候旨钦定。"皇帝亲诣，则会乐部而奏进礼节。乃戒其执事，与其陪祀。凡祀，皇帝斋则进斋戒牌铜人……执事官陪祀官皆斋……前期，各以斋者之名送于寺，乃布其斋之禁令。斋之日，令各设牌于署，斋者皆悬牌焉。凡祀，皇帝亲诣，则率钦天官奏时刻。将祭，率其属而奉神牌于座。祭毕，奉而复御焉。皇帝行礼，则卿二人充当赞引对引。凡祀，皇帝亲诣，则御太和殿若中和殿，阅其祝版……迮立牲牢，以次而阅焉。"以上这段话，说的是皇帝亲自前往祭祀的过程和几个事项。乐部要组织奏乐，陪同祭祀的官员要陪同举行礼仪，陪同斋戒。皇帝斋戒要向先祖进献铜牌和铜人两种礼器，陪同斋戒的官员的名字要送到太常寺。祭祀的时候，钦天官要报时刻，将要祭的时候，皇帝要率领陪祀的官员把先祖的牌位请到宝座之上，祭完毕再请回原处。皇帝亲祀要在中和殿看祝版，祭祀行完大礼后，还要在祭品前面依次阅视。

太常寺内部设有寺丞厅、博士厅、工程处、寺库、祠祭署等机构。

寺丞厅设满、汉寺丞各二人，掌管祭祀委派执事，办理挑选读祝、赞礼等官以及管理官员京察、考勤和公费、杂项、饭银支销等事务。

博士厅设博士满、汉各一人，汉军博士一人，掌管考察祝文、礼节、规定仪式，负责每年祭祀费用的支销，并掌题奏文移等事，厅下设本房、礼房、朝仪科等机构分办各项事物。

典簿厅设典簿满、汉各一人，掌管斋戒祭祀物品、牲只等事，凡坛庙官、太庙内监、神乐署官及其乐生、舞生、执事的补充，厨仪的分派，办理关支俸钱等。厅下设吏房、祭器科等机构。

工程处由堂官酌情委派寺丞、博士、典簿、赞礼郎、读祝官等管理，五定员。掌管坛庙的修整及祭祀工程等。凡是坛庙修整、祭祀前应行的糊饰、擦抹、抬送、拆卸、铺设等工程，由本寺分别清晰地造册，然后移交工部办理。如在祭祀前一二日，数目在银十两、钱十串以下的事项，由本寺自行办理。

寺库（金玉库）设满寺库一人，满库使二人，掌管储藏金银祭器、祭品、果品及工程银两。

祠祭署由汉寺丞管理。掌管各坛庙的祭祀事宜。天坛、地坛、太庙、社稷坛都设有坛庙官，掌守坛庙，稽查神库即管理坛庙大门的启闭，下设祭祀科等机构。

当月处由满赞礼、读祝官一人，笔帖式一人，轮流值班，掌管收发文移，监用印信等事项。

牺牲所设所牧、所副，掌管祭祀所用牛、羊、猪等事项，初归太常寺管理，乾隆二十六年（1761）归内务府庆丰司管理。

和太庙祭祀祖先有关系的部门有乐部、光禄寺、鸿胪寺、銮仪卫等。

乐部是管理祭祀、朝会、燕享的演乐和审定乐器音律事务的机关。管理大臣称"典乐大臣"，有礼部满尚书一人兼任，或各部尚书侍郎、内务大臣兼任，无定员。凡是遇到大祭祀、朝会、宴会，乐部负责演乐。平时负责乐律和乐器审定。乐部下设神乐署、和声署、什帮处等机构。其中神乐署设有署正、署丞、乐生、舞生、执事等，隶属乐部，负责祭祀坛庙时奏乐。

光禄寺是负责"祭享宴劳、酒醴膳羞"等重大活动筵席膳食事务的机关。主要的任务是为朝廷庆典、祭祀预备筵席，供给官员们食物。在祭祀前，光禄寺官员会同太常寺卿，由御史和礼部司官监视，亲视宰牲，祭祀完毕以后，将祭肉进献天子，也分给各个衙门。

光禄寺下设大官署、珍馐署、良酝署、掌醢署、典簿署、督催所、当月处、银库、黄册房、司牲司等部门。

大官署下设大官署库、稽查所。负责供备祭祀用的猪只、蔬菜，储备祭祀用的桌椅，并且负责稽查祭祀和宴会的经费使用。

珍馐署设署正满、汉各一人，满署丞二人，笔帖式满五人，经承一人。负责供给祭祀用禽兔和鱼、面、茶等，预备祭祀用器皿。下设珍馐署库，存储祭祀用器皿、面茶等物。总办处造办筵席、乳茶。炸食房，经承一人，备办兔、鱼、面、茶。署下设打牲网户长六名、壮丁五十四名、捕鱼网户长二名、网户八十九名、面行户一名、茶长一名、熬茶蒙古十一名。

良酝署设满、汉署正各一人，满署丞二人，笔帖式满四人，经承一人。负责酿酒和供给乳油羊只及牛乳等。设酒局在西安门内，有库吏二人、经承一人、酒匠六人、酒尉二人，每年春秋两季酿造祭酒、宴酒、烧酒等。需用乳酒，奏请内务府干肉库发给。署下还有乳油行户一人、羊行户一人，供给乳油和羊只。设烧酒行户一人负责买烧酒。

掌醢署设满、汉署正各一人，满署丞二人，笔帖式满四人，经承一人。掌管供给盐、酱、烛、更香、面酵、花椒、榛栗以及香油。由四署按月轮流办理。还负责征收寺署果园税银交银库。署内设盐库。掌管长芦盐运使每年上交砖盐、青盐。所用的白盐，又署煎熬，土盐由库采买。此外还设平科经丞一人，总园丁头二人，下管园丁几十人，负责纳贡并供果品。

银库设司库二人、库使八人、经承一人。掌管银库的出纳及储藏祭祀筵席用的金银铜器皿。

鸿胪寺是专管赞导朝会、宴会、祭祀礼仪的机关。具体的任务是：预先将皇帝常规的重大礼仪事项通知各衙门，排定班次，到典礼时，官员按秩序行礼；赞导皇帝出入宫廷迎送等行动的礼仪；陈设各项礼仪所需要使用的桌案等；纠正官员有失礼仪的行为等。

銮仪卫是负责皇帝出行的机构，包括祭祀时车辆和马匹的安排和按照礼仪行驶，保证皇帝的出行安全。

清代的这些和太庙祭祀有关系的机构，也处在发展变化之中，如清末溥仪就把礼部改成了典礼院。所以这里介绍的只是大致的情况。

太庙祭祖的规制和内容

太庙祭祖的制度和程序内容很多，繁杂而细致，常人难以得知。所以连一生追求礼乐的孔子偶有机会进入太庙也要"每事问"。

祭祖的基本内容

古时宗庙，天子、诸侯皆建于中门左侧，大夫则左庙而右寝。宗庙四周有墙垣，又称"都宫"。都宫之内，诸庙都南向，昭庙在左，穆庙在右，依世排次。祭祀时要卜筮选尸。尸是死去的先祖的代表。《通典·礼八》引《白虎通》佚文说："祭所以有尸者，鬼神听之无声，视之我形，升自阼阶，仰视榱桷，俯视几筵，其器存，其人亡，虚无寂寞，思慕哀伤，无所写泄，故座尸而食之，毁损其馔，欣然若亲之饱，尸醉若神之醉矣。"尸一般由孙辈小儿充任，祭男用男尸，祭女用女尸，也有祭夫妇共一尸，以妇人祔从于其夫的。庙中的神主，木制，为长方体，通常用桑、栗等木制作，平时放在"祏"中。"祏"是收藏神主的石函，祭祀时才拿来，后代木主演变为神位版。宗庙祭祀用的鼎、彝、尊、瓠等礼器，都是国家重宝，"宗彝"成为国家的象征，必须妥为保藏，所谓"祭器不逾境"。"迁鼎"——国家的祭器被迁走了，表示一个国家被灭亡了。对于一个家庭来说，祭器也至为重要，"君子虽贫不鬻祭器，虽寒不衣祭服"（《礼记·曲礼》），就是这个道理。祭祀使用鼎彝礼器有一定之规，用于祭祀的牺牲与物品，都有代称，祭祀时不得直呼其名。

周人宗庙祭享之礼，先有修除、择士、卜日、斋戒等准备工作。祭日入庙后先到太室行裸礼，用圭瓒舀一种叫郁鬯的香酒灌地，使香气到达地下，以告知鬼神降临受祭。祭祀用的食物，行礼后要分而食之，称为"馂"，是食鬼神之余的意思。牲肉（生曰脤，熟曰膰）分赠给参加祭祀的宾客或颁赐给同姓诸侯。

西周青铜器追簋祭祖铭文

天子、诸侯宗庙的正祭，在四季的孟月举行，加上腊祭，每岁共五祀。祫祭是在太祖之庙合祭祖先。当三年之丧毕，先祖神主将依次迁出一辈，这时举行祫祭，明年举行禘祭是三年或五年一次的大祭。正祭之外，又有"荐新"之祭，即按照时令节序，将当令的新鲜果蔬品物奉享于宗庙。

古代行礼有"九拜"。《周礼·春官·太祝》："辩九拜，一曰稽首，二曰顿首，三曰空首，四曰振动，五曰吉拜，六曰凶拜，七曰奇拜，八曰褒拜，九曰肃拜，以享右祭祀。"当然，祭祀并不是"九拜"并用。稽首是跪下后，两手着地，拜头至地，停留一段时间，是拜礼中最重者。顿首是引头至地，稍顿即起，是拜礼中次重者。空首是两手拱地，引头至手而不着地，是拜礼中较轻者。这三拜是正拜。振动，是两手相击，振动其身而拜。吉拜，是先拜而后稽颡，即将额头触地。凶拜，是先稽颡而后再拜，头触地时表情严肃。奇拜，先屈一膝而拜，又称"雅拜"。褒拜，是行拜礼后为回报他人行礼的再拜，也称"报拜"。肃拜，是拱手礼，并不下跪，俯身拱身行礼。推手为揖，引手为肃，其实也就是揖。这是军礼，军人身披甲胄，不便跪拜，所以用肃拜。其他几种拜礼都是正拜的变通。

宗庙祭祀拜祖先，郊祀拜天拜神，以及臣拜君，子拜父，学生拜老师，新婚夫妇拜天地、拜父母，都行稽首礼。平辈同级之间，拜迎、拜送、拜望、拜谒，行顿首礼。对于卑者的稽首礼，尊者以空首礼答拜。吉拜礼行于公众祠祭，凶拜礼是服三年之丧时所行的礼。上古时席地屈膝而坐，跪拜行礼不像后来那样繁缛复杂，对此应有历史的观点。

祭祖祭享制度

古代帝王祭祖主要有祫祭和时享两种形式。

祫祭是集合皇帝远近祖先的神主（牌位）于太庙合祭。上古时，祫祭通常是三年举行一次，明、清两代一般于每年的岁暮举行，也有春、秋两祭的。

时享即四时之享，在每年春、夏、秋、冬举行。明初规定，时享分别在春季的清明、夏季的端午、秋季的中元（农历七月十五日）、冬季的冬至举行。唐代以后，还有所谓"配飨"制度，即在祭祖时，以功臣附祭于祖庙。如明洪武九年（1376）明太祖朱元璋在南京新建太庙后，便以徐达、常遇春等12位开国功臣配飨。

遵照时令在宗庙举行祭祀称为时享，以每年新的农产品或以其他物品奉献称为荐新。时享和荐新是在宗庙里的祭礼。相传有虞氏四时奉祀祖先，春祭称为祎，夏祭称禘，秋祭称尝，冬祭为烝。周代时享，春祭称祠，夏祭为祎，秋冬仍称为尝烝，时享奉以太牢，血祭祖先，然后奏乐。周代荐新为每年九次。二月献羊羔，四月献小猪及新麦，七月献新谷，八月献麻，九月献稻，十二月献鱼，汉代又增加了水果奉献，一直到唐代，所记荐新献物五十余种。荐新实际上是附在时享下进行的，有时二者很难分开。时享荐新在后世并不严格，尤其是在战乱和大灾荒年代，基本上不举行这些频繁的祭礼。

明朝每月荐新的内容是：正月韭菜四斤、生菜四斤、荠菜四斤、鸡子二百六十个、鸭子二百四十个；二月芹菜三斤、薹菜五斤，冰、蒌蒿五斤，子鹅二十二只；三月茶笋十五斤、鲤鱼二十五斤；四月樱桃十斤、杏子二十斤、青梅二十斤、王瓜五十个、雉鸡十五斤、猪二只；五月桃子十五斤、李子二十斤、夏至李子二十斤、红豆一斗、砂糖一斤八两、来禽十五斤、茄子一百五十个、大麦仁三斗、小麦面三十斤、嫩鸡三十五只；六月莲蓬二百五十个、甜瓜三十个、西瓜三十个、冬瓜三十个；七月枣子二十斤、葡萄

二十斤、梨二十斤、鲜菱十五斤、芡实十斤、雪梨二十斤；八月
藕四十个、芋苗二十斤、茭白二十斤、嫩姜二十五斤、粳米三斗、
粟米三斗、稷米三斗、鳜鱼十五斤；九月橙子二十斤、栗子二十
斤、小红豆三斗、砂糖一斤八两、鳊鱼十五斤；十月柑子二十五
斤、橘子二十五斤、山药二十斤、兔十五只、蜜一斤八两；十一
月甘蔗一百三十根、鹿一只、鹰十五只、荞麦面三十斤、红豆一斗、
砂糖一斤八两；十二月菠菜十斤、芥菜五斤、鲫鱼十五斤、白鱼
十五斤。

　　清朝每月荐新的内容是：正月进青韭、鸭卵；二月进莴苣菜、
小葱、芹菜、花鳜鱼；三月进黄瓜、蒌蒿菜、芸薹菜、茼蒿菜、
水萝卜；四月进樱桃、茄子、雏鸡；五月进杏、李、蕨菜、香瓜子、鹅、

太庙祭祖荐新复原图

桃、桑葚；六月进西瓜、葡萄、苹果；七月进梨、莲子、姜、榛仁、藕、野鸡；八月进山药、栗实、野鸡；九月进柿、雁；十月进松仁、软枣、蘑菇、木耳；十一月进银鱼、鹿肉；十二月进蓼芽、绿豆芽、兔、鲟鳇鱼、豌豆、大麦、文官果。

告祭：明、清两代每逢皇帝登基、大婚、亲征、凯旋、献俘等重大典礼，皇帝也都要到太庙祭告列祖列宗。

禘祭：《尔雅·释天》说禘有三种：一是大禘，郊祭祭天。二是殷禘，宗庙五年一次的大祭，与"祫"并称为殷祭。三是时禘，宗庙四时祭之一，每年夏季举行。另外，还有禘郊，是天子祭祀始祖和天神的大典。禘祫是古代帝王祭祀始祖的一种隆重仪礼，禘祭一般是指每五年把所有的祖先灵位请出一块祭祀的大祭。清代未实行禘祭制度。

清代皇帝时享、祫祭太庙次数统计。

皇太极：时享2次，祫祭0次，合计2次；

顺治：时享28次，祫祭2次，合计30次；

康熙：时享82次，祫祭32次，合计114次；

雍正：时享30次，祫祭11次，合计41次；

乾隆：时享76次，祫祭59次，合计135次；

嘉庆：时享48次，祫祭24次，合计72次；

道光：时享52次，祫祭29次，合计81次；

咸丰：时享20次，祫祭8次，合计28次；

同治：时享7次，祫祭2次，合计9次；

光绪：时享72次，祫祭21次，合计93次。

清朝从皇太极到光绪十位皇帝，时享 417 次、祫祭 188 次，时享、祫祭总数 605 次。

正式的祭祖十分频繁，尚不包括末代皇帝溥仪在逊位期间继续进行的太庙祭祀活动，告祭和荐新的次数就更多了，简直无法统计。可见清朝太庙祭祀祖先的活动绵延不断，其制度和规模均已达到了极为完善的程度，是中国几千年奴隶制、封建制帝王祭祀皇家祖先的最后绝响。

昭穆制度

昭穆，就是古代太庙内神主以及陵寝的排列顺序。始祖在中间，左为昭右为穆。周后稷为始祖，后稷的第一代为昭，第二代为穆，以后的第三、第五、第七代以至下推任何奇数代，都为昭；第四、第六、第八代以至下推任何偶数代，都为穆。昭穆制度明确了长幼亲疏的辈分。

明代崇祯时期，太庙皇帝和皇后排列的顺序为：

寝殿中堂是太祖高皇帝、孝慈高皇后；东第一室成祖文皇帝、仁孝文皇后，西第一室睿宗献皇帝、慈孝献皇后；东第二室武宗毅皇帝、孝靖毅皇后，西第二室世宗肃皇帝、孝洁肃皇后；东第三室穆宗庄皇帝、孝懿庄皇后，西第三室神宗显皇帝、孝端显皇后；东第四室光宗贞皇帝、孝元贞皇后，西第四室熹宗哲皇帝。

明代的制度都是一帝一后，皇后都是原配。

祧庙供奉的是：德祖元皇帝后、懿祖恒皇帝后、熙祖裕皇帝后、仁祖淳皇帝后、仁宗昭皇帝、诚孝昭皇后、宣宗章皇帝、孝恭章皇后、英宗睿皇帝、孝庄睿皇后、宪宗纯皇帝、孝贞纯皇后、孝宗敬皇帝、孝廉敬皇后。

清乾隆时期，太庙皇帝和皇后排列的顺序为：

中殿供奉太祖高皇帝、太宗文皇帝、世祖章皇帝、圣祖仁皇帝、世宗宪皇帝和各位皇后的神位，遇到四孟的祭祀和年终合祭的时候，把神位请到前殿，举行完规定的祭祀仪式以后，再送回中殿供奉。后殿供奉肇祖原皇帝、兴祖真皇帝、景祖翼皇帝、显祖宣皇帝的神位。每年的岁末合祭的时候，把神位恭请到前殿，进行规定的祭祀仪式后，再送回后殿供奉。

清末，太庙寝殿夹室按照昭穆顺序，皇帝和皇后神主排列如下：

中室：

太祖承天广运圣德神功肇纪立极仁孝睿武端毅钦安弘文定业高皇帝之位。太祖为显祖长子，姓爱新觉罗氏，名努尔哈赤，万历四十三年（1615），建立年号曰天命，时年五十八，在位十一年。

孝慈昭宪敬顺仁徽懿德庆显承天辅圣高皇后之位。皇后姓那拉氏，叶赫部长杨吉砮之女，壬辰年十月生太宗。

[太祖太妃亦曾配享太庙太妃乌拉那拉·阿巴亥，乌拉贝勒满泰之女，殉太祖丧，年三十七，顺治七年（1650）谥号：孝烈恭敏献哲仁和赞天俪圣武皇后，配享太庙，顺治八年（1651）因多尔衮获罪，免除谥号出庙。]

东一室：

太宗应天兴国弘德武宽温仁圣睿孝敬敏昭定隆道显功文皇帝之位。太宗为太祖第八子，名皇太极，三十五岁即位，改国号曰清，在位十八年去世，年号天聪，十年后改号崇德。

孝庄仁宣诚宪恭懿至德纯徽翼天启圣文皇后之位。

孝端正敬仁懿哲顺慈僖庄敏辅天协圣文皇后之位。皇后姓博尔济吉特氏，科尔沁贝勒塞桑之女，天聪三年（1629）生世祖。

西一室：

世祖体天隆运定纯建极英睿钦文显武大德弘功至仁纯孝章皇帝之位。世祖为太宗第九子，名福临，七岁即位，由多尔衮摄政，入主中原，在位十八年去世，年号顺治。

孝康慈和庄懿恭惠温穆端清崇天育圣章皇后之位。皇后姓佟佳氏，少保固山额真佟图赖之女，顺治十一年（1654）三月生圣祖。

孝惠仁宪端懿慈淑恭安纯德顺天翼圣章皇后之位。

东二室：

圣祖合天弘运文武睿哲恭俭宽裕孝敬诚信中和功德大成仁皇帝之位。圣祖名玄烨，世祖第三子，八岁即位，在位六十一年去世，年号康熙。

孝懿温诚端仁宪穆和恪慈惠奉天佐圣仁皇后之位。

孝诚恭肃正惠安和淑懿恪敏丽天襄

清朝康熙皇帝神主

圣仁皇后之位。

孝昭静淑明惠正和安裕端穆钦天顺圣仁皇后之位。

孝恭宣惠温肃定裕辞纯钦穆赞天承圣仁皇后之位。皇后姓乌雅氏，护军参领威武之女，康熙十七年（1678）十月生世宗。

西二室：

世宗敬天昌运达中表正文武英明宽仁信毅睿圣大孝至诚宪皇帝之位。世宗名胤禛，圣祖第四子，四十六岁即位，在位十三年去世，年号雍正。

孝圣慈宁康惠敦和诚徽仁穆敬天光圣宪皇后之位。皇后姓钮祜禄氏，四品典仪凌柱之女，康熙五十八年（1719）生高宗。

孝敬恭和懿顺昭惠庄肃安康佑天翊圣宪皇后之位。

东三室：

高宗德天隆运至诚先觉体元立极敷文奋武钦明孝慈神圣纯皇帝之位。高宗名弘历，世宗第四子，二十六岁即位，在位六十年，传位于仁宗，称太上皇，嘉庆四年（1799）去世，年号乾隆。

乾隆孝仪纯皇后

孝仪恭顺康裕慈仁端恪敏哲翼天毓圣纯皇后之位。皇后姓魏佳氏，内管领清泰之女，乾隆二十五年（1760）十月生仁宗。

孝贤诚正敦穆仁惠徽恭康顺辅天昌圣纯皇后之位。

西三室：

仁宗受天舆运敷化绥猷崇文经武光裕孝恭勤俭端敏英哲睿

皇帝之位。仁宗名颙琰，高宗第十五子，三十七岁即位，在位二十五年去世，年号嘉庆。

孝和恭慈康豫安成钦顺仁正应天熙圣睿皇后之位。

孝淑端和仁庄慈懿敦裕昭肃光天佑圣睿皇后之位。皇后姓喜塔腊氏，副都统内务府总管和尔经额之女，乾隆四十八年（1783）八月生宣宗。

东四室：

宣宗孝天符运立中体正至文圣武智勇仁慈俭勤孝敏宽定成皇帝之位。宣宗名旻宁，仁宗次子，四十岁即位，在位三十年去世，年号道光。

孝全慈敬宽仁端慧安惠诚敏符天笃皇后姓钮祜禄氏，二等侍卫一等男颐龄之女，道光十一年（1831）六月生文宗。

孝穆温厚庄肃端诚恪惠宽钦孚天裕圣成皇后之位。

孝慎敏肃哲顺和懿诚惠敦恪熙天诒圣成皇后之位。

孝静康慈懿昭端惠庄仁和慎弼天抚圣成皇后之位。

西四室：

文宗协天翊运执中垂谟懋德振武圣孝渊恭端仁宽敏庄俭显皇帝之位。文宗名奕詝，宣宗第四子，二十一岁即位，在位十一年去世，年号咸丰。

孝德温惠诚顺慈庄恪慎徽懿恭天赞圣显皇后之位。

孝钦慈禧端佑康颐昭豫庄诚寿恭勤俭宪崇熙配天兴圣显皇后之位。

孝贞慈安裕庆和致诚敬仪天祚圣显皇后之位。

东五室：

穆宗继天开运受中居正保大定功圣智诚孝信敏恭宽明肃毅皇帝之位。穆宗名载淳，文宗之子，六岁即位，在位十三年去世，无嗣，年号同治。

孝哲嘉顺淑慎贤明恭端宪天彰圣毅皇后之位。

西五室：

德宗同天崇运大中至正经文纬武仁孝睿智端俭宽勤景皇帝之位。德宗名载湉，文宗弟醇亲王奕譞之子，四岁即位，在位三十四年去世，无嗣，年号光绪。

孝定隆裕宽惠慎哲协天保圣景皇后之位。

清末太庙祧庙夹室按照昭穆顺序，追封的远祖皇帝和皇后神主排列如下：

中室：

肇祖原皇帝之位。肇祖为明代女真人，姓童氏，名猛哥帖木耳，清人称为都督孟特穆，进关后尊为肇祖原皇帝。

原皇后之位。

东一室：

兴祖直皇帝之位。兴祖为肇祖长子充善之孙，名福满，清人称为都督福满，进关后尊为兴祖直皇帝。

直皇后之位。

西一室：

景祖翼皇帝之位。景祖为福满第四子，名觉昌安，明朝人呼为叫场，进关后尊为景祖翼皇帝。

景祖翼皇后之位。

东二室：

显祖宣皇帝之位。显祖为景祖第四子，名塔克世，明朝人呼为他失，进关后尊为显祖宣皇帝。

显祖宣皇后之位。

祭器祭品规格制度

周代确立了祭祖制度，祭祖食品也有定数，祭祖用的器物称为礼器。礼器既是祭食品的盛器，又是祖庙和社稷的化身。

太庙祭祀陈设在三个大殿内的礼器、食器造型、纹饰、质地都有严格的定制，这种严格的定制规定了其功能作用。

周代礼器制度是天子九鼎、诸侯七鼎、卿大夫五鼎、士三鼎。天子、诸侯、卿、大夫、士、庶人的祭品都有一定规格。

周代的祭品制度：

天子用会：牛、羊、猪组成的祭品称太牢，三个太牢为一会。诸侯用太牢：牛、羊、猪。卿用特牢：牛。大夫用少牢：羊、猪。士用豕：猪。庶人用鱼。

古代这种供祭祀之礼称作"笾豆庶羞"。"笾豆"是指各种盛放祭品的器具，"庶羞"即指各种水陆所产干、湿祭品。祭祀所用物品的原则是：不贵美味而贵多品，豆、笾用数各依祭者尊卑而定。如庙祭，天子用豆、笾各二十六个，即朝事之豆、笾各八个，馈食之豆、笾各八个，加豆加笾各八个，羞豆羞笾各二个；诸公各十六个；诸侯各十二个；上大夫各八个；下大夫各六个；士各二个。

下面是民国资料中记载的一些太庙尚存的祭器和祭品的设置情况。

爵：每位帝后神主各摆放三个，用于祭祀礼仪活动奠酒。牺尊：孟春时享设牺尊二十二个。象尊：孟夏时享设象尊二十二个。箸尊：秋孟时享设箸尊二十二个。冬尊：孟冬时享设冬尊二十二个。山尊：岁暮大祫时设山尊二十二个。壶：一个，祭祀时盛福酒。木簠：盛黍稷，每个供床上摆二个。簋：盛稻粱，每个供案摆十二个。笾：盛盐、鱼干、枣、栗、鹿脯、白饼、黑饼等食物，每个供桌摆十二个。豆：盛韭沫、鹿肉酱、兔肉酱、鱼肉酱等食物，每个供桌摆十二个。

宝座前设笾豆案一个，祭祀时每个案上设簠二个、簋二个、笾十二个、豆十二个，每位神主前摆登一个、铏一个、金匕（长柄匙）一个、金箸（筷子）二根、玉爵三只。

笾：盛盐、槁鱼、枣、栗、榛、菱、芡、鹿脯、白饼、黑饼、糗饵、粉糍等十二种，每个笾盛放一种；豆：盛韭菹、醓醢、菁菹、鹿醢、芹菹、兔醢、笋菹、鱼醢、脾析、豚拍、酏食、糁食等；登：盛太羹；铏：盛和羹。

部分祭祀食品介绍：

黍：黍子，黄米。稷：谷子的一种，就是小米。槁鱼，就是干鱼。糗饵：稻、黍粉做成的糕。粉糍：糍稻、黍粉做成的饼。韭菹：磨烂的腌韭菜花。醢：用肉、鱼等制成的酱。豚拍："拍"

通"膊",肩胛,"豚拍"就是炖熟的猪肘子。酏:以稻米粉和牛羊猪油煎成的饼。糁食:以细切牛、羊、猪之肉和稻米粉煎之成饵。太羹:不和五味(甜、酸、苦、辣、咸)的肉汁,即白水煮的肉汤。

后妃庙制

"后妃庙制"即后妃以礼配享太庙或另立别庙之制。按礼,帝王太庙配享之制皆一帝一后,且只有正嫡之后方可袝入太庙配享。继后及帝生母而后追尊为后者皆当另立别庙以祀,如周立闷宫以祭始母姜嫄、鲁隐立仲子之宫以祭其庶母。此制被以后历代所承袭,间或亦有变制者,若东晋成帝以景后及武悼后并配享于工帝庙,唐玄宗以昭成、肃明二后并袝睿宗庙。宋代违制尤甚,至宁宗以前,除仁宗之温成皇后外,凡后无不配享太庙,太祖、神宗、徽宗、孝宗皆三后并袝,太宗、真宗皆四后并袝。元、明、清遵制甚严。

功臣配享制度

功臣配享制度源于周代。功臣死后配食于先王,是宗庙祭祀的一种礼制。天子为劝勉臣下效忠,采用功臣配享,赢得后世臣下的尽忠。殷代已有此制。周代功臣配享,按功绩分为六种:对天子尽忠、对国有功、对民有献、能成大事、善治政、有战功的大臣或庶民均可配享。每年冬季时享,按照功臣生前职位高低、功绩大小，分别设立神主。大夫以上排在各帝王庙两厢，大夫以下的士或庶人分列庭院，不能入室。后世功臣配享格式下降，功臣神主全部摆放在庭院。宋代只设方七寸厚一寸半的位板，配享功臣只在板上书名。明代功臣分列两庑檐下，帝王不再致祭。功臣配享人数不一，少则几人，多则数十人。

明洪武九年（1376），明太祖朱元璋在南京新建太庙，后明代北京太庙配享主要在享殿的东、西配殿。东配殿供奉明太祖追封王爵的伯、兄、侄等共 19 位。西配殿主要配享明代开国功臣及明成祖靖难功臣 17 人，包括徐达、常遇春等，其余功臣则另建功臣庙。

清代配享：在享殿东、西配殿各供奉有功王爷和有功满、蒙、汉大臣各 13 人。

东配殿配享的是：

1. 多罗通达郡王雅尔哈齐，清显祖第四子。

2. 武功郡王礼敦，清景祖第一子。

3. 多罗慧哲郡王额尔衮，清景祖第二子。

4. 多罗宣献郡王斋堪，清景祖第三子。

5. 和硕礼烈亲王代善，清太祖第二子。

6. 和硕睿忠亲王多尔衮，清太祖第十四子；清世祖福临年幼继位，与济尔哈朗共同辅政，率兵进关攻破李自成农民起义军，迎接顺治皇帝进京入主中原，被封为摄政王。

7. 和硕郑贤亲王济尔哈朗，清显祖第三子，与多尔衮共同辅政清世祖福临，曾封为定远大将军，征湖广有功。

8. 和硕豫通亲王多铎，清太祖第十五子，与多尔衮共同辅政清世祖福临。

9. 和硕武肃亲王豪格，清太宗长子。

10. 多罗克勤郡王岳讬，代善第一子。

11. 忠敬诚直勤慎廉明和硕怡贤王允祥，清圣祖第十三子。

12. 和硕恭忠亲王奕䜣，清宣宗第六子，辅佐慈禧太后政变诛杀肃顺等顾命八大臣。

13. 和硕超勇襄亲王策凌，喀尔喀部人，姓博尔济吉特氏。康熙三十一年（1692）来归附，授予三等轻车都尉。康熙四十五年（1706）配和硕纯悫公主，成为额驸。雍正时征噶尔丹有功，雍正四年（1726）与俄罗斯使臣萨瓦谈判确立中俄边界。

西配殿配享的是：

1. 三义信勇公直义费英东，清额驸，镶黄旗人，姓瓜尔佳氏，随清太祖征讨，佐理政事。

2. 弘义公额亦都，清长白山人，姓钮祜禄氏，曾随清太祖征讨，用兵四十年未挫。

3. 英诚武勋王杨古利，清正黄旗人，姓舒穆禄氏。随太祖征战四十余年。

4. 三等果毅公忠义图尔格，清镶白旗人，姓钮祜禄氏，额亦都第八子。

5. 一等雄勇公昭勋图赖，清正黄旗人，姓瓜尔佳氏，费英东第七子。

6. 一等忠达公文襄图海，清正黄旗人，姓马佳氏，世祖授宏文院大学士，刑部尚书，康熙时曾为定西将军、抚远大将军。

7. 太傅大学士三等伯文端鄂尔泰，清镶黄旗人，姓西林觉氏。世宗时封为保和殿大学士，军机大臣。

8. 大学士张廷玉，安徽桐城人，康熙三十九年（1700）进士，雍正六年（1728）官至保和殿大学士，乾隆元年（1736）封三等勤宣伯，加封太保。

9. 赠太保协办大学士，户部尚书一等武毅谋勇公文襄兆惠，清正黄旗人，姓吴雅氏，雍正时以笔帖式进入军机处，补内阁中书，至参赞大臣，驻伊犁，乾隆时因战功封为一等武毅谋勇公、协办大学士，加封台资太保。

吏部《张廷玉配享太庙事》书页

10. 太保保和殿大学士一等忠勇公晋赠郡王衔傅恒，清镶黄旗人，姓富察氏，孝贤纯皇后之弟，乾隆时定两金川、征缅甸等，值军机处三十余年。

11. 晋赠太保武英殿大学士一等诚谋英勇公阿桂，清正白旗人，大学士阿克敦之子，定伊犁、讨缅甸、平两金川皆有功。

12. 太子太保武英殿大学士锐嘉男贝子晋封郡王福康安，清镶黄旗人，姓富察氏，乾隆时定台湾、安南、西藏有功。

13. 科尔沁博多勒葛台忠亲王僧格林沁，蒙古科尔沁亲王，姓博尔济吉特氏。曾镇压太平天国和捻军，在天津大沽炮台迎战英法联军屡战屡败。

加封名号制度

名号是皇权的文化符号象征。皇帝集国家的政治、军事、司法、监察、官吏任免等诸种大权于一身，处于金字塔式权力结构的顶端。与之相适应，作为表现专制皇帝至高无上的地位、尊贵的身份和无限权力的名号制度也必然随之不断发展。我们这里所说的名号是指由皇帝这一尊号派生出来的一系列文化符号的总称，一般包括皇帝的尊号、谥号、庙号、年号等。

1. 尊号（徽号）

尊号又称徽号，是封建社会对帝王、皇后、皇太后的美称，它的特点是帝、后在世时由大臣所上，因而有褒无贬。当然，帝、后出于谦虚或厌烦也可以宣布作废。每次上尊号为两个字，尊号一般不用于称谓，但慈禧这个尊号是特例。生前所上的尊号一般成为死后谥文的一部分。

尊号在先秦表现为号。是对当权者的称呼，也是人们等级地位的标志。先秦诸子一般都比较重视名号对等级秩序所起的作用。

秦始皇统一天下以后，认为三代最高统治者的专称"王"已无法表现其至高无上的地位，无法炫耀其无限的权力，也无法称颂其三皇五帝所不及的千秋功业。因此，命令李斯等人议定帝号。李斯等人给他上的尊号是泰皇，由秦始皇亲自裁定为皇帝。从此，皇帝这一尊号成了最高统治者的专称，成为固定的名号，历代相因而不改，直至清末。

本来，皇帝就已经是最尊贵的称号了，但这仍不能满足帝王们的贪欲之心，于是在"皇帝"的基础上，又加上一大堆形容词。后来，所加的这些形容词就成了这位皇帝的尊号，以区别于其他皇帝。最早上尊号的是汉哀帝，号称"陈圣刘太平皇帝"，此后有北周宣帝自称"天元皇帝"等。但这在唐代以前并没形成定制。到了唐代，尊号开始盛行起来。尊号肇始于唐高宗和武则天，咸亨五年（674）八月，高宗称天皇，武则天称天后，时人并称二圣，尊号之兴从此开始。武则天秉政后，为了抬高自己，从垂拱四年（688）至证圣元年（695）七年间，六上尊号。玄宗时又一次达到高峰，从开元二十七年（739）至天宝十二年（753）五上尊号。

从此，尊号仪式成为定制，成为唐代非常隆重的国典。同时，尊号也施用于死去的皇帝，可对其追加尊号。

随着历史的发展，"皇帝"一词本身已不再是尊号，在其上所加的美誉才是尊号。唐代之所以尊号盛行，是因为唐代是封建专制制度的全盛时期，而尊号盛行正是皇权不断得到加强的必然反映。

崇庆太后乾隆生母八十诞辰上徽号玉册

既有生前上的尊号，也有死后上的尊号。生前上尊号实际上就是大臣对皇帝的奉承奉迎，因为按规定每逢朝廷庆典，臣属都可以给皇帝上尊号。如唐玄宗开元二十七年（739），受尊号为"开元圣文神武皇帝"。最典型的莫过于清朝的慈禧太后了，开始同治皇帝只给她上尊号为"慈禧"二字，后来每逢庆典就有人主动要求给她上尊号，于是阿谀奉承的尊号逐年增多，最后多达16个字："慈禧端佑康颐昭豫庄诚寿恭钦献崇熙皇太后"。但是也有的皇帝不喜欢上尊号这一恶习，如清朝康熙皇帝，臣下多次奏请给他上尊号他都不同意，到六十大寿时，又有人奏请上尊号，他仍不允许，并诏谕说上尊号"无裨之道"，乾隆皇帝生前也不同意为他上尊号。给死后的皇帝上尊号，也算是谥号，同一皇帝，可以上多次尊号，结果使谥号越来越长。如唐高祖李渊，与贞观九年（635）五月死后，同年十月谥为"大武皇帝"，庙号高祖，到高宗咸亨五年（674）八月，追尊为"神尧皇帝"，玄宗天宝八年（749）六月，由加尊为"神尧大圣皇帝"，天宝十三年（754）二月，又加尊为"神尧大圣大光孝皇帝"。追加尊号的结果，使唐以后皇帝的谥号一代比一代长，唐朝最长谥号的皇帝是宣宗李忱，共20个字。宋朝诸帝谥号大都在18字之多，最多的宋神宗谥号也为20个字。明太祖朱元璋谥号则多达23个字，而清太祖努尔哈赤的谥号为历史之最，长达29个字。由于皇帝的谥号越加越长，不便后世人的称呼，所以唐以前对殁世的皇帝简称谥号，不称庙号，如汉高祖、汉武帝、隋炀帝等。从唐朝开始，对殁世皇帝又改称庙号，如唐玄宗、宋太祖、宋徽宗等，而对明、清时的皇帝又大都以年号称呼，如永乐皇帝、嘉靖皇帝、康熙皇帝、雍正皇帝等等，不一而论。

2. 谥号

古代人对死者按生前的美、恶给予褒贬之词，称谥号。清代帝、后的谥号由继位皇帝降旨，再由礼官评议拟出后上奏继位皇帝。臣子的谥号多由朝廷赐予。此外还有加谥、改谥、夺谥。谥号始于周朝，早在西周时，谥号就已在贵族中普遍实行。

周代贵族的神主号，通常是谥号加爵号。周天子以谥号加"王"字，如文王、武王；诸侯以谥号加"公"字，如桓公、庄公；卿大夫则以氏族名称加谥号再加"子"字，如季文子、赵宣子。主号的命名还可用序号。周人以昭穆定世次，爵位由嫡系子孙单传，昭穆与世次是一致的，所以，神主也有用世次序号来标号的。始祖称第一世，然后依次为二世祖、三世祖直至祢祖。

秦统一中国后，秦始皇为了维护皇帝的神圣不可侵犯的尊严，防止子议父、臣议君的不尊行为，废除了谥法，臣民根本无权评价皇帝，皇家世系只需以毫无评价意义的数序计算即可，皇家世系成为毫无评价意义的数序。皇帝成了认识的禁区。

到了汉代，虽又恢复谥法，但在皇权专制的制度下，帝王的至尊形象同样不可损害，况且随着儒家孝道的提倡和君统的连续性，嗣位皇帝对其祖先自然极为尊崇，谥号成了美化帝王的工具。臣子也慑于皇权的威力，同时本着君臣荣辱共体的观念，自然在进行追谥时只能掩恶扬善、大加褒扬了。帝王谥号用两个字的较多，如汉朝的孝文帝、孝武帝等等。

帝王的谥号一般是由礼官议定的，经继位的帝王认可后予以宣布。由于谥号具有"褒贬死者，劝勉生者"的作用，故选用谥号时一般要根据统治者的需要去议定，所以就有一些名不副实的谥号。如汉献帝刘协乃东汉亡国之君，死后却被曹魏谥以表示聪明睿智的"献"字。

谥号的选定要依据谥法，谥法始于西周，经过历代修补，至宋朝苏洵奉诏将前人刘熙、沈约等人编修的谥书，经过考订编成《谥法》一书，为历代封建统治者所遵从。该法共 168 谥 311 条，按其谥号的性质可分为三类：一是颂扬的，如神、圣、贤、德、明、文、武等；二是批评的，如灵、厉、丑、炀、戾、缪等；三是同情的，如悼、伤、哀、怀、幽、殇、愍等。《谥法》中对每种谥号都有明确规定，如"文"表示具有"经纬天地"之才；"贤"表示"仁义合道"之君；"炀"表示"好内远礼"；"厉"表示"杀戮无辜"；"愍"表示"在国遭忧"等。

先秦君主之谥比较简朴，一般只有一两个字，偶尔也有三个字的，内容也多是论及品行和政绩的。唐以后，随着专制主义的加强，帝王的谥号也变得越来越长，已没有严格的字义规定，但字数在不同的朝代有不同的规律性。唐帝谥号基本上是 5 字或 7 字，如"恭灵庄闵孝皇帝"；宋代为 16 字；明帝谥以 17 字为准；清代皇帝累谥谥文不算称谓一般不超过 23 个字（努尔哈赤因是开国皇帝不在此列），皇后谥文一般不超过 19 个字（谥号从夫）。慈禧采用了皇帝的谥法。

谥号在形式上越来越整齐划一，在内容上则基本上是虚夸美誉之词，多是夸耀美化的文字，如"天、道、文、武、圣、孝、运"这类的文字堆砌而成。谥号失去了对皇帝的评价意义，成了美化帝王的工具。

加谥、改谥、夺谥：谥号首次加封后，不是一成不变的，可以继续增加赞美之词，叫作"加谥"；有时改变原来的谥文，叫作"改谥"；有时对遭到非议的皇帝的谥号加以删除，叫作"夺谥"。一般的情况是后世皇帝多次对先皇加封谥号，并和庙号叠加，形成一长串赞美之词，于是形成了"累谥文"。如清代第四世皇帝乾隆帝的累谥谥文："法天、隆运、至诚、先觉、体元、立极、敷文、奋武、钦明、孝慈、神圣纯皇帝"。谥文中前两个字是庙号，最下面的皇帝前的"纯"字就是谥号，是对乾隆帝一生高度的概括。清代《谥法考》中对"纯"字的解释为：忠正和粹为"纯"，安危一心为"纯"。

御赐谥号：士大夫亦有皇帝据其生前事迹赐谥号者，清制王皆一字，大臣二字。

私谥：没有爵位的庶人，有的也有谥号，也有由门人故吏等为之加谥号的，称为"私谥"。其实，本无所谓公私，都是为死者所起的代号，只不过贵族掌握政权，有专门制谥的职官，而庶人没有这种职官而已。

皇帝谥号的加封仪式：由继位的新皇帝给去世的皇帝举行，汉以前即有此礼。按照汉代的制度，皇帝大丧，嗣君于天子柩前即位，命太尉奉谥策到达南郊行祭祀礼，再入殿奉谥策，并藏于金匮之中。唐时对先代皇帝行追加谥号礼，皇帝于宣政殿即御座，百官拜讫，然后跪授玉册于太尉，候太尉奉册出宣政门才升殿，太尉即奉册赴太庙以告。明代则由皇帝乘辂车至太庙，百官跪于太庙门前，皇帝亲至神御前跪进册，礼毕回宫，次日颁诏。仪礼非常隆重。

3. 庙号

庙号是皇帝死后受到后世祭祀的庙宇称号，即皇帝在其谥号前面还有庙号。按照古代的宗庙制度，只有同时祭祀几世祖先才可建立庙堂，即所谓的九庙、七庙等。一般来说，庙是死去的君主接受后人和群臣朝拜的地方，由于庙的数额有限，不是每个皇帝都能享受庙号的，大多是根据皇帝的世系和在政治中的地位来确定其祭祀地位。凡有庙号的，一般称为祖或宗，开国皇帝都称"祖"，如高祖、太祖等。其后则称"宗"，如太宗、世宗等，统称之为庙号。西汉 12 帝称祖、称宗者 5 帝，东汉 13 帝称祖、宗者 7 帝，两晋前后 15 帝，称祖、宗者 6 帝。也就是说，并不是每个皇帝都能拥有庙号，庙号在某种程度上意味着对已死皇帝政绩的评价，用以对继位皇帝的借鉴。这种区别对待的庙号制度，与至高无上的皇权是格格不入的。唐代以后，凡是皇帝，都具有获得庙号的资格，开国皇帝称祖，其余都称宗，不再按世系和政绩排位，从而加强了皇帝的绝对权威。

庙号一般都放在谥号之前，同谥号一起构成殁世帝王的全称，如汉武帝刘彻的全号是"世宗孝武皇帝"，其中"世宗"是他的庙号，"孝武"是谥号。而隋炀帝则只有谥号"炀"没有庙号。

4. 年号

年号是皇帝纪元所立的名号，即一个新皇帝即位，采用自己的纪年名称。年号始于汉武帝建元元年（公元前 140）。年号初创时期，多与祥瑞和重大变故有关，后来逐渐完善。年号多与当时的政治背景有着密切的关系。往往反映当时的时局特点，以及体现着皇帝的治国意向。到明、清两代，年号固定为一帝一号，每当老皇帝去世，新皇帝登基时，便由新皇帝或权贵们审时度势，制定并颁行新的年号。皇帝的实际地位和治国意图有了更明显的反映。例如，明太祖朱元璋，由于他是马上得天下的皇帝，所以他的年号定为"洪武"，体现了他以武定国的尚武思想。继位的皇帝朱允炆定年号为"建文"，则意在以文治国。明成祖朱棣夺得帝位，则定年号为永乐，意在造就永远安乐的局面。清代的皇帝一般以年号相称。清代第三位皇帝年号为雍正，又叫雍正帝。清代文宗奕𬣞去世，其子穆宗载淳年幼，由慈安、慈禧两太后垂帘听政，因此确定年号为"同治"。年号体现着皇权某一阶段性的特征。

现在一般都采用公元纪年。所谓公元就是公历纪年，它以传说中的耶稣基督的诞生年为公元元年（相当于我国西汉平帝元始元年），始行于公元 6 世纪。

历史上各地纪年的起算年代各不相同。在欧洲，希腊人曾以公元前 776 年召开的第一次奥林匹克竞技会为纪年。罗马人则以公元前 754 年—前 753 年始建罗马城为纪年。阿拉伯人以公元 622 年穆罕默德由麦加前往麦地那的时候为纪年。而我国古代有确切纪年当始于西周共和元年，即公元前 841 年。

到了公元前 140 年汉武帝刘彻继位后，他打破了我国以前纪年用干支的方式，创立了年号纪年。年号一般都由两个字组成，选择一些吉利祥瑞的词汇，如开元、天宝等等。其中少数年号是用 3 个字、4 个字和 6 个字组成的。3 个字的年号只有 3 个：南朝梁武帝的"中大同"和"中大通"，王莽篡权后用的"始建国"。4 个字的年号有 19 个，分别是"万岁通天""万岁登封""大中祥符""大圣天王""大成兴胜""天仪治平""天册万岁""天安礼定""天祐民安""天祐垂圣""天瑞景星""太平兴国""太平真君""太初元将""中元克复""延嗣宁国""建中靖国""建武中元""福圣承道"。6 个字的仅有两个：西夏景宗用的"天授礼法延祚"和西夏惠宗用的"天赐礼盛国庆"。

我国第一个年号为"建元"，建元元年即公元前 140 年 [一说汉武帝元鼎年间（公元前 116）始有年号，在此之前的年号都是后来追加的]。

创立年号是汉武帝刘彻对中国乃至世界文明史的一个贡献，其作用是很大的。秦王嬴政当皇帝后，自称始皇帝，其后世称为二世、三世至于万世，使之无穷。汉朝刘邦即位后，不敢再用始皇帝、二世的叫法，而是使用今皇帝多少年的叫法，到他死后，继位者又是一个今皇帝，如此下去，容易混淆，实在叫人难以区分。所以，年号创立以后，使每个皇帝都有了一个标志，各个朝代的区分就明确了。

每个新上台的皇帝，第一件大事就是更改年号。历代的年号中，使用时间长的，伴随一位皇帝的一生，如清朝皇帝爱新觉罗·玄烨的"康熙"年号使用了 61 年之久。使用时间短的，只有几个小时，如北魏"永兴"年号，在许多人都不知道的情况下就消失了。

总之，悠悠 2000 多年间，直到清朝末代皇帝溥仪的"宣统"年号为止（袁世凯的"洪宪"不在此例），长长短短共计使用了 651 个年号。

由于年号的实用性，古代的越南、朝鲜及日本等国家，都纷纷效法中国，使用年号，就连袁世凯复辟帝制时，也首先立了个"洪宪"年号，可见年号对一个政权的重要性。

然而随着历史的发展，年号由单一的纪年功用，逐步又增加了其他的功用，如表示祈福、歌颂等。兴盛起一个政权，发生了一件大事，甚至说不出什么原因，兴致所至罢了，都会改变旧年号，公布新年号。改变年号称为改元。始创年号的汉武帝在位 54 年，改了 11 次年号，平均 5 年一个年号。他以后的继位者，有 4 年一改年号的，也有 5 年或 3 年一改年号的，大概是为了效法祖先，想多坐几年皇位。更有甚者，唐朝高宗李治，在位 34 年，改年号 15 次。而武则天在位仅 16 年，却用了 18 个年号，最长的才用了 4 年，一般都是一年一个，有时一年用两个，甚至还有一年三个的，如公元 695 年，正月改"延载"为"证圣"，到了九月又改为"天册万岁"，十二月又改成"万岁登封"，到了第二年的三月，又改为"万岁通天"。还有比之更甚者，一天之内能更改几次年号。北魏最后一个皇帝孝武帝元修，公元 532 年四月继位时改元"太昌"，到十二月又改元"永兴"，改元诏书才出大门，又下诏改元"永熙"，简直把年号视为儿戏，使年号丧失了原来的纪元意义。直到明朝开始，年号又重新恢复了它的纪年作用，明太祖朱元璋一生只用了一个年号，以后直到清朝为止，两朝共28位皇帝，除了皇太极两个年号之外，其余都是一人一个年号。所以现在我们有时称呼明、清两朝皇帝时，可以直接用年号代替，如洪武、嘉靖、康熙、乾隆等等，其他朝代则基本上不太好这样称呼，因其年号太多太乱。

由于把立年号作为政权的标志，所以一些地方割据、起义自立的大大小小的新政权，都有自己的年号，于是就出现了年号雷同现象，有的同一年号达七八个之多，而中间年代相隔自几十年到1000多年。如"太平"年号，共有8个，最早的是三国吴国会稽王孙亮所用，时间在公元256—258年，其后晋朝、北燕、南朝梁、隋、辽等朝代相继用过，最后是元朝末年红巾军首领徐寿辉所用，时间为公元1356—1358年，前后长达1100多年。年号的重复，有时给确定年代带来一定困难，如发现刻有"永平"年号的文物，可以是汉明帝时期的（58—75），也可以是晋惠帝时期的（291），还可以是北魏宣武帝时期的（508—512），或者是前蜀王建时期的（911—915），年代相差跨度达上千年之久。

历代帝王立年号，所选之词都是表示吉祥和嘉赞的。每次立新年号都是朝廷的一件大事，极为慎重，要由执政大臣和文人学士集中讨论，拟出多条供皇上选择，照理说应该是无懈可击的了，但其实不然。宋太祖赵匡胤曾立"乾德"年号，以为自古未有过，后来发现一面镜子上刻有"乾德"二字，一查方知是前蜀主王衍用过的。他叹息道：宰相应当用读书人。年号之多之乱，想取个不重复又吉利的，也不是件易事。清代史学家赵翼曾指责明朝的"永乐""天顺""天启"等年号都是以前"乱贼"用过的，认为用了以后会贻笑千古。足见取年号之难，不仅难在不重复上，还难在用词吉利上。在用过的许多年号中，有一些竟被认为是不祥之兆的谶语。如北齐文宣帝高洋用了"天保"年号，被看作"上天保护"之意，但事后亦有人说这是不祥之兆，为什么？因为"天保"二字可拆为"一大人只十"，结果高洋只当了 10 年皇帝就病死了，这真是巧合的附会。类似的巧合还有很多，如北齐的另一皇帝后主高纬，用了"隆化"年号，被北周俘虏后赐死，时人离合其字曰"降死"，大概是在故意挖苦他。宋朝有一事则相当巧合，靖康之变发生在北宋靖康二年（1127）十二月，而"靖康"二字拆开正好是"十二月立康"，难道这真的是天命神算、有兆在先？其实北宋灭亡乃是预料之中的事，改元时并无先知之见，利用这种巧合，只是为新皇帝登基制造舆论罢了。汉字的组合字有很多，拆开后的含义和原意有的大不相同。如"正"拆开后可为"一而止"，一朝就止，乃是极不吉利的字，但历代用"正"字作年号的有很多，如元惠宗的至正、明英宗的正统、清朝的雍正等等，也没有哪个是一朝就止的。可见，朝代的兴衰和年号并无直接关系，只是后人的附会罢了。

5. 陵寝号

陵寝号是对每一位皇帝死后坟墓的专用称号，一般是根据皇帝生前功过和世系命名的。开国皇帝之陵一般都称为"长陵"，而以后的皇陵则要依其生前事迹和世系命名，诸如茂、义、康、显节、高平等。

毁庙制度

随着世代延续，无论是"七庙"还是"九庙"，总是不够的，对于渐渐远去的"亲尽"之庙，礼仪规定有"毁庙"制度。所谓"毁庙"就是每当第五代死而第六代继承爵位后，通常就要分族。新死的第五代家长当立庙，原考庙上升为王考庙，依此类推，原高祖就不再是氏族始祖，而成为远祖，所以嫡族就不再代表氏族祭祀他，只代表宗族对他进行三年一次的例行祭祀（祫祭），因而原显考庙就要"毁庙"或称"坏庙"，这并不是把庙拆毁，而是把它改造为祧庙。《谷梁传·文公二年》载："坏庙之道，易檐可也，改涂可也。""易檐"即把刻了字的屋檐换掉，"改涂"是重新粉刷，就成为新庙了。可见，调整的方法只是把神主改迁地方，换上新招牌。《公羊传·文公二年》载："毁庙之主，陈于大祖。未毁庙之主，皆升，合食于大祖。"何休注："毁庙，谓亲过高祖，毁其庙，藏其主于大祖庙中。"所以，毁庙制度是亲过高祖者移神主于太庙的制度。即把已毁庙的神主叫"毁主"。除始祖之外，不在"七庙"之数的远祖的宗庙平时都不再加以祭祀，神主移入"祧庙"内，藏在石函或专设的房间里，每当祫祭时才请出来。祫祭就是合祭，把远近祖先的神主集中在一起进行总祭，三年一祭。

明代祭祖制度的完备

从明初到嘉靖年间形成了一套完备的祭祖制度。一年中的祭祖形式有：时享、禘祭、袷祭、荐新。届时皇帝亲自主持太庙祭祖仪式，或者遣官代为主持。明代的祭器制度效仿周制，明代后期日趋奢华。

明代祭祖制度逐步完善

关于祭祖的具体礼仪，与清代不同的是，明代有禘祭，而清

祧庙

代是禘祭袷祭合为一体。

什么是禘祭呢？就是祭祀始祖或先祖。明代因始祖无法考证，禘祭长期无法举行。到嘉靖时，虚设始祖之位，以太祖配享，才恢复禘祭，每逢丙辛年举行禘祭。

明代的袷祭为三年一祭。

明朝步入中期以后，在位皇帝大多昏庸，而第九位皇帝——明孝宗朱祐樘却很有作为，大力革除前朝弊端，史称"弘治中兴"。

弘治四年（1491），明孝宗在寝殿之后增建了祧庙，这是因为到英宗时，九庙已满，所以，为太祖以前的四祖另建祧庙。

明代在庙制上不是一帝一庙，而是同堂异室，将寝殿分为九间，每间供奉一位皇帝和一位皇后的神主，并陈设神椅、香案、褥枕、床榻等，象征祖宗起居、安寝。

明代太庙祭祖程序

明初规定，每岁四孟（正月、四月、七月、十月）及岁末祭祀宗庙，谓之五享。四孟之祭称时享，岁末之祭称袷祭。嘉靖时曾经在孟春单独祭祀祧庙，而未与太庙同时祭祀。袷祭则是祧庙四祖与太庙各帝同堂合祭。崇祯时，袷祭的神位排列是，从祧庙移来的四代远祖——德祖帝后、懿祖帝后、熙祖帝后、仁祖帝后和太庙的太祖帝后均列正位，神主面向南，以后的成祖帝后至光宗帝后、熹宗皇帝均分左右列，面向东或面向西。

先期斋戒三日，省牲。各帝后神位前各设爵六个、登二个、铏二个、笾十二个、豆十二个、簠二个、簋二个、犊一只、羊一只、豕一只、帛一卷。东西配殿神牌前各有减少。

正祭仪式：午时开始，皇帝以下各就拜位。迎神，乐奏《太和之曲》，皇帝以下同四拜；奠帛，行初献礼，乐奏《寿和之曲》，作《武功之舞》，献帛、献金爵，乐暂停，皇帝以下皆跪，读祝，乐复作，俯伏，兴，平身，乐止；亚献，乐奏《豫和之章》，作《文德之舞》，献瓷爵；行终献礼，乐奏《宁和之曲》，乐止，饮福酒，受胙，俯伏，兴，平身，皆四拜；撤馔，乐奏《雍和之曲》，百官同四拜，乐止，执事官捧祝、帛至燎位；还宫，乐奏《安和之曲》，皇帝退立于拜位，执事官捧祝、帛至燎所焚化，礼毕。皇帝至戟门易服回宫。

清代祭祖制度对明代的传承及其特点

清朝祭祖的变化

清朝皇室在典章礼仪方面沿用了周朝以来的规制，基本保留了明朝祭祖礼仪程序，出于清皇室女真人本民族的特点，在祭祖方式方面有如下三个变化：

废除祧迁制，太祖以下诸帝神主永不迁庙、毁庙，世世奉祀，没有完全按照古代天子七庙制——太祖以下满七代就应该祧迁、毁庙之制。

寝殿

康熙二十七年（1688），将历代宗庙祭祖配享均为一帝一后制，改为皇帝原配皇后、继配皇后同时配享制。例如，清咸丰帝是一帝三后同时配享。

清朝宗庙的一个很大特点是"禘""祫"祭祖制度合二为一。清皇室祫祭在每年的岁暮举行，合享祧庙、寝殿历代神主，在享殿举行祫祭仪式。

祧庙内景

祭祖方式

清代太庙祭祖有时享、告祭、荐新和祫祭等四种方式，每一种祭祖方式都有严格的规制，其目的都是为了追忆祖先，祈求神灵保佑，维护和巩固清皇室政权。所以说皇帝亲赴太庙祭祖的一举一动都有着深刻的政治含义和目的。

时享太庙，是将安放在寝殿内的历代帝后神主奉至享殿，皇帝到享殿亲祭。时享每年举行四次祭祀活动，一般在春、夏、秋、冬四个季节的第一个月举行，又称为"四孟时享"。时享是太庙祭祖活动中常规性的祭祀仪式，与其他祭祖礼仪相比，只是在此基础上的或增或减，略加变动。

太庙告祭，是指国家有重大事情时，皇帝本人到寝殿向祖宗上香报告。告祭又称祭告、祇告。国家大事一般是指皇帝登基、皇帝大婚、册立皇后、上尊号、万寿、献俘等重大国事活动，需要告祭太庙。告祭太庙，有皇帝亲告和遣官告祭两种方式。皇帝亲自告祭，必须在正寝行礼，而祧庙只需遣官告祭。

荐新是太庙祭祖礼仪的一种形式。古人非常重视祖先祭祀，认为祖先在天之灵可以在另外一个世界保佑自己康福。为了表示自己对祖先神灵的敬意，一年之中凡有时新食物，先以奉祀祖先，然后再自己食用，这叫作"荐新"。明、清会典对"荐新"食物做了严格的规定，对一年十二个月进献的时令食物，都要按照规定品种进献，若遇皇帝到木兰围场，凡亲自射获的鹿、獐等猎物，都应及时送至太庙作为供品荐新。

袷祭是太庙独有的祭祖活动，也是一年之中规模较大的祭祀仪式。袷祭仪式在年终岁暮举行，将祧庙四祖和寝殿历代帝后神主恭请到享殿合祭。袷祭仪式从开始斋戒到礼仪活动结束，在内容程序上与时享基本相同；不同的地方是在袷祭前一日要祭告太庙，另一个不同的地方是袷祭礼仪中的六个乐章与时享有区别。

太庙文物

　　太庙的文物价值极高，不仅是人类共同的文化遗产，而且堪称艺术瑰宝。太庙的文物分为三个大类：不可移动的建筑文物，可以移动的祭祀礼乐文物，有生命的文物。首先，太庙是世界上最大的祭祖建筑群，其古代建筑文物价值极高。中国古代木结构建筑在明代达到顶峰，而太庙是古代木结构官式建筑的杰出代表。其次，太庙的祭祀礼乐文物，虽不专属太庙，但其传承 5000 年的中华本土"八音"乐器，以及雅乐和"八佾之舞"，集中地体现了"敬天法祖""慎终追远"的核心理念。再次，太庙的古柏，是明、清两代所植，原有 1000 多株，现存活 700 余株；这些古树不仅营造出庄严肃穆的氛围，同时蕴含着太庙历史的风云。

太庙礼制建筑概况

北京太庙是现存古代官式建筑的典型代表。平面呈南北向长方形，占地 17.9 万平方米，有围墙三重，主体建筑为前、中、后三大殿。前殿即享殿，面阔 11 间，进深 6 间，黄琉璃瓦重檐庑殿顶，坐落在俗称"三台"的高大的汉白玉须弥座式殿基之上。其梁柱外包沉香木，其余构件均用极其名贵的金丝楠木制成。中殿、后殿均面阔 9 间，黄琉璃瓦庑殿顶。各殿东西都有配殿，称东、西庑。明、清时，享殿是太庙"祫祭"的场所，皇帝祭祖活动在这里举行。中殿又称寝殿，是供奉历代帝后神龛神主的地方。后殿又称"祧庙"，是供奉后来追封的清代立国前的四代帝后神龛神主的地方。享殿东配殿 15 间，为存放配飨的王公牌位之所；西配殿 15 间，为存放配飨的功臣牌位之所。寝殿、祧庙均有东、西配殿各 5 间，是存放祭器的地方。此外，太庙还有神库、神厨、宰牲亭、燎炉、井亭等一些辅助性建筑。

太庙建筑文物

前琉璃门

始建于明代，清代改建。是太庙的正门，嵌于太庙中墙南面。中间三座为拱门，旁门二座为过梁式。黄琉璃瓦顶，檐下饰有黄绿琉璃斗拱额枋及垂莲柱。墙下为汉白玉须弥座，整个建筑华贵而古朴，秀美而端庄，充分地体现了皇家建筑的风范。

戟门桥（玉带桥）

始建于明代，为七座单孔石桥，建在一条"带"形的水流上，故也称"玉带桥"。桥宽8米，两侧有汉白玉护栏，龙凤望柱交替排列。河道为条石所砌，乾隆年间引护城河水流经桥下，并对桥身及栏杆进行改建。正中的桥是皇帝走的御路桥，两边为王公桥，次为品级桥，边桥二座供常人行走。玉带桥背倚戟门，东西井亭相望。春日，河畔花香蝶舞；夏日，河中睡莲娇依；秋日，桥旁松涛悦耳；冬日，桥上玉栏挂雪，堪称太庙最美之景。

戟门桥

戟门

　　建于明永乐十八年（1420），是太庙内墙的正门。面阔5间，进深2间，黄琉璃瓦单檐庑殿顶，屋顶起翘平缓，檐下斗拱用材

戟门之雪

硕大。汉白玉绕栏须弥座，台阶9级，中饰丹陛。正门两侧各有一黄琉璃瓦单檐歇山顶的旁门。现均为始建原貌，是明初宫殿建筑的典范。门外东间原有一木制小金殿，为皇帝临祭前更衣盥洗之处。门内外原有朱漆戟架8座，共插银镦红杆金龙戟120条，光绪二十六年（1900）被入侵北京的八国联军全部掠走。

享殿（前殿）

始建于明永乐十八年（1420），是整个太庙的主体。后虽经明、清两代多次修缮，但其规制和木石部分基本保持明代原构，是全国现存规模最大的金丝楠木宫殿。黄琉璃瓦重檐庑殿顶，檐下悬挂满汉文书写的"太庙"九龙贴金题额。面阔11间（长68.2米），

太庙享殿内景

进深 6 间（宽 30.2 米），坐落在高 3.46 米的三层汉白玉须弥座上，殿高 32.46 米。殿内木构件均为名贵的金丝楠木，主要梁枋外包沉香木。68 根大柱皆是整根圆木，最高的达 13.32 米，直径最大的达 1.2 米，殿顶、天花、四柱、梁架用片金沥粉彩画装饰，地面墁铺特制的金砖。

享殿是明、清两代皇帝举行祭祖大典的场所。殿内设木制金漆神座，座前设案、俎和笾、豆、登、筐等祭器，上置稻粱、果蔬、牺牲、香烛、祝版、玉帛等祭品。祭典时将祖先牌位从寝殿移至此处神座安放，然后举行隆重而庄严的仪式。

整个大殿气势雄伟，庄严华丽。当年举行大典时，香烟缭绕、仪仗簇拥、钟鼓齐鸣、韶乐悠扬、佾舞蹁跹，是中华祭祖文化的集中体现。

享殿东配殿

始建于明代，黄琉璃瓦单檐歇山顶，面阔 15 间。殿前出廊，廊柱呈锥形，并向内倾斜，屋檐起翘平缓，是典型的明代宫殿建筑。殿内供奉有功亲王的牌位，是功臣配享制的体现。清代供奉 13 人，每间设一龛，内置木制红漆金字满汉文牌位。北端两间是存放祭器之处。

享殿西配殿

　　始建于明代，黄琉璃瓦单檐歇山顶，面阔 15 间。殿前出廊，廊柱呈锥形，并向内倾斜，屋檐起翘平缓，是典型的明代宫廷建筑。殿内供奉文武功臣的牌位，是功臣配享制的体现。清代供奉 13 人，每间设一龛，内置木制红漆金字满汉文牌位。北端两间是存放祭器之处。

太庙享殿西配殿

寝殿（中殿）

始建于明永乐十八年（1420），黄琉璃瓦单檐庑殿顶，面阔9间（长62.31米），进深4间（宽20.54米），殿高21.95米。石露台与享殿相连，汉白玉须弥座，周绕石栏，望柱交错雕以龙凤，台阶中饰丹陛。是平时供奉历代皇帝、皇后牌位的地方。清代规制，殿内祖宗牌位同堂异室，分15个寝宫，用木墙幔帐间隔。内设神椅、香案、床榻、褥枕等物，牌位立于褥上，象征祖宗起居安寝。清末供奉努尔哈赤、皇太极、福临、玄烨、胤禛、弘历等11代皇帝及皇后的牌位。每次祭典前一天，将牌位移至享殿安放于神座之上，祭毕奉回。

祧庙（后殿）

始建于明弘治四年（1491），黄琉璃瓦单檐庑殿顶，面阔9间（长61.99米），进深4间（宽20.33米）。石露台独立，汉白玉须弥座，周绕石栏，望柱交错雕以龙凤，台阶中饰丹陛。全殿自成院落，四周围以红墙，是供奉皇帝远祖牌位的地方，殿内陈设亦如寝殿。清代规制，正中肇祖、左兴祖、再左显祖、右景祖。每季首月时享，皇帝委托官员在本殿祭祀，岁末将先祖牌位移至享殿祫祭。

丹陛

建于明代，是须弥座台阶中间的纹石。在享殿、寝殿、祧庙和戟门石阶上均有，是神走的路，皇帝则走东边的台阶。享殿丹陛尤为壮观，随阶分为三座，各为整块青石，分别雕有显示尊严的"云龙纹""狮子绣球纹"和"海兽纹"。雕工线条洗练，刀法娴熟，精美绝伦，是明代石雕艺术的珍品。

太庙丹陛石雕

太庙丹陛之龙马

燎炉

建于明代，为焚烧享殿和享殿西配殿的祝版和玉帛而设。通体用琉璃素坯构件砌造，质地细腻坚硬。整体仿造木结构建筑，筒瓦单檐歇山顶，檐下饰以斗拱额枋，炉身四角有圆柱，炉膛门上雕花饰带，其余三面雕刻菱花，下为须弥座。雕工精美，艺术价值很高。

太庙西燎炉

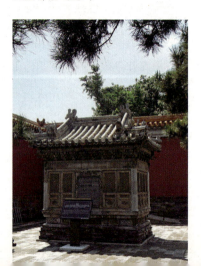

神库

始建于明代，黄琉璃瓦单檐悬山顶，面阔 5 间，进深 1 间。是收藏笾、豆、俎、筐、灯盏和各色绒毡绣片、帷帐棕荐（拜垫）等祭品的库房。

神厨

始建于明代，黄琉璃瓦单檐悬山顶，面阔 5 间，进深 1 间。是制作牺牲等祭品的厨房。内设锅灶，上有天窗，经数百年烟熏火燎，室内屋顶已被熏黑。

井亭

始建于明代，高 8.55 米，为黄琉璃瓦盝顶六角亭，梁架用镏

太庙戟门东井亭

金斗拱承托，亭内正中有水井一口，上置六角汉白玉井圈，柱间的坐凳为现代所加。

宰牲亭和治牲房（牺牲所）

始建于明代，是太庙的主要建筑之一，由井亭、北殿、正门、治牲房、宰牲亭等组成。祭祖所用的牛、羊、猪等（称作"牲牢"）均在此宰杀。宰牲要经过"入涤""省牲""宰杀"三个程序。正门坐东向西，黄琉璃瓦硬山顶。北殿在正门旁，黄琉璃瓦硬山顶。治牲房在正门内，黄琉璃瓦悬山顶，室内无柱，设有毛血池，是洗涤牲畜及礼部尚书在祭祀前三天省牲之处。宰牲亭在治牲房以里，黄琉璃瓦重檐歇山顶，是宰牲之处。宰前先以大木槌猛击牲

太庙宰牲亭建筑群

畜头部,又称"打牲亭"。井亭为黄琉璃瓦盝顶六角亭,内有井一口,为入涤、治牲取水之处。

太庙街门

端门东侧太庙街门

　　始建于明代,清代改建。原为太庙正门,是皇帝从皇宫进入太庙祭祖的通道。面阔5间,进深2间,黄琉璃瓦单檐歇山顶。外观庄重,与一般庙门有着严格区别,体现了封建社会的最高礼仪制度。

太庙右门(神厨门)

　　始建于明代,清代改建。面阔3间,进深2间,黄琉璃瓦单檐歇山顶。是运送祭品及制作牺牲用的牲畜的通道,故称神厨门。

太庙西北门(花甲门)

　　始建于明代,是通向皇宫午门外阙左门的通道。据说雍正皇帝在位时，为确保安全，到太庙祭祖不走太庙街门，而从此门进入。于是加筑琉璃随墙门，形成内外两门，并在北面和东面建两道高墙，以防刺客。乾隆皇帝60岁以后，为减少劳累，亦改由从此门乘辇而入，故又称"花甲门"。原门及墙已不存，现门黄琉璃瓦单檐庑殿顶，为现代改建。

太庙南门

太庙原无此门，1914年与中山公园南门同时辟建，以便保持皇城对称的格局。黄琉璃瓦歇山顶，实拔券门，门后有敞厅衔接，直通庙内。当时逊清皇室未交出太庙，故久未使用。1924年溥

太庙南门

太庙直通故宫午门的西北门

仪出宫，1926 年太庙改为和平公园，此门打开，始向公众开放。
现为北京市劳动人民文化宫正门。

奉祀署旧址

原为独立的一道围墙，大门朝北，左右各有房 3 间，是平时
管理太庙的机构。明代由内府神宫监管理，设掌印太监 1 人，其
他管理人员 10 余人。清代属太常寺，设七品首领 1 人、八品副
首领 2 人、太监 20 人。

老井

位于前琉璃门西侧，2007 年迎接北京奥运会文化宫环境整
治时发掘出来，是古代打水浇树所用之井。现安装石质井圈和栏
杆，在古柏的掩映下，成为太庙的一处新景观。

九龙透雕满汉文金匾

太庙匾额，用 5 条直径达 20 毫米的粗大的钢条做成的双面
挂钩，分别挂在大殿和匾额的圆环上。这块匾额的文字和衬板用
铜板制成，用硬木雕成的 9 条龙，正上方 1 条，左右各 3 条，下
边 2 条，分布均匀，布局合理。9 条龙采用的是透雕手法，形象十分生动逼真。这块匾额中央蓝地，上面贴着汉文和满文"太庙"两字。汉字笔画厚重凝练，布局规整，端庄严谨，给人以庄重古朴之感。九龙组成的边框髹以贵重的金粉，金字为铜板镏金，历经数百年不变，至今仍金光闪闪。这块匾额典雅华贵，庄重大方，具有一种非凡的帝王之气。

太庙九龙金匾

太庙祭祀文物

　　神主：即祖先牌位。古人认为，人死以后灵魂不灭，在灵柩下葬的同时立神主，使神魂有所依附。神主是用桑木做成的，桑与"丧"谐音，桑木质地粗，以表示孝子的哀痛之心。清代太庙供奉的帝后神主，是用檀木泥金漆，上面镌刻着满汉谥文。平时供奉在寝殿或祧庙中，祭祖时奉移到享殿的神椅上，祭完以后再送回寝殿或祧庙。

多罗克勤郡王神主

　　神匵：供放祖先神主的专用器具，用上好的木材制成。《说文解字》："匵，宗庙盛主器也。"清代匵的样子分上下两部分，上面存放神主的是匵的主体，如同一座小柜子，前面是可以卸下来的挡板，下面是底座，底座像一个方凳。

　　金印：镌刻着皇帝或皇后名字的黄金制成的印信，奉安于神主旁共同接受祭祀。

　　金册：镌刻着皇帝或皇后册封诏书的黄金制成的册页，奉安于神主旁共同接受祭祀。

冥宝座和屏风：在享殿举行祭祖典礼时供放皇帝神主的是木雕金漆蟠龙宝座，供放皇后神主的是木雕金漆翔凤宝座。屏风放在宝座后面，也是金漆分别浮雕龙凤图案，十分精致而庄重。

乾隆冥宝座

神椅：在年终祫祭祖先时，将平日供放寝殿或祧庙的神主恭敬地移到享殿时所用的专用器具，木质金漆。其形状是可折叠的交椅，下部形似马扎，上部形似圈椅的靠背和扶手，靠背分别雕刻龙凤图案，椅面上铺有明黄丝质坐垫。整体重量很轻，便于移动。

祝帛：用于礼仪的丝织品，有青、赤、白、黄、黑五色或三色。祭祖时使用的全部都是素白色。祭祖时用于在燎炉焚烧的祭品。为了区分不同地点所使用的帛，在织造的时候都要在上面织

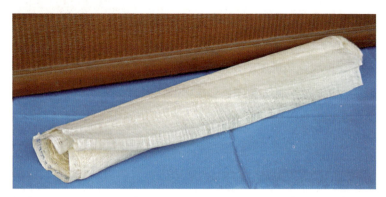

祝帛

上满、汉两种文字。织有"奉先制帛"字样的供奉在太庙,织有"展亲制帛"字样的用于太庙东配殿,织有"报功制帛"字样的用于太庙西配殿。

祝版:质地为木质,白地,用绫子镶着黄边,呈长方形。太庙时享时所用的祭祀用具。在祫祭前期告祭时所使用的祝版与时享相同。祝版是古代吉礼的礼仪用具,既用在属于吉礼范围的太庙祭祖,也用于皇太后和皇帝祝寿,其所用的祝版和时享祭祖用的祝版相同,在祧庙祭祀远祖的祝版也和时享用的祝版相同。在年终祫祭的时候所用的祝版尺寸要大一些。

祝文:按每季的时令书写在祝版之上的祭祀死者的文字。清代由笔帖式(祭祀的官员之一)用满、汉两种文字书写。第一句是:某某朝,某年、某月、某日。以下是:皇考、皇妣谥号、庙号。然后是:按时令祭日奉祀的四字一句的套语。在举行祭祖仪式时由读祝官用满语诵读。举明、清例文如下。

1. 明代皇帝祫祭前遣官员告祭祝文:维　年　月　日孝曾孙嗣皇帝　谨遣　某官　敢昭告于懿祖恒皇帝　兹者岁暮贡于太庙举行祫祭之礼祇请圣灵诣庙享祀特伸预告伏惟鉴知谨告。大意是说:将于年底的时候在太庙举行祫祭大礼,请您的神灵前来接受祭祀,特此恭敬谨慎地预告。

2. 明代皇帝祫祭祭文:维　年　月　日孝曾孙嗣皇帝　敢昭告于八庙太皇太后皇考宪宗纯皇帝　时当岁暮明旦新正谨率群臣议牲醴庶品恭诣太庙特修祫祭之礼用伸追慕之情上享。大意是说:尊敬的先帝先后,今天是年末,明天是新年,我——您的曾孙后嗣皇帝恭敬谨慎地率领朝廷的群臣用牺牲、福酒和其他祭品来到太庙举行祫祭的隆重礼仪，表达对祖先的追思仰慕之情，请您尽情地享用吧！

3. 清代光绪四孟祝文：惟光绪某年，岁次干支正、四、七、十月干支朔，孝孙嗣皇帝御名（如遣官代祭，则于御名下，书谨遣某官恭代），敢告于太祖高皇帝、孝慈高皇后……穆宗毅皇帝、孝哲毅皇后曰：时届孟春、夏、秋、冬，谨以牲帛醴斋，粢盛庶品，用展追思，伏惟尚享。

4. 清代光绪祫祭祝文：惟光绪某年，岁次干支十二月干支朔，孝孙嗣皇帝御名（如遣官代祭，则于御名下，书谨遣某官恭代），敢告于肇祖原皇帝、原皇后……太祖高皇帝、孝慈高皇后……穆宗毅皇帝、孝哲毅皇后曰：气序已周，岁时告成，谨以牲帛醴斋，粢盛庶品，特修大祫礼于太庙，用申追慕之情，伏惟尚享。

5. 清代光绪祫祭前期寝殿告祭文：惟光绪某年，岁次干支十二月干支朔，孝孙嗣皇帝御名（如遣官代祭，则于御名下，书谨遣某官恭代），敢告于太祖高皇帝、孝慈高皇后……穆宗毅皇帝、孝哲毅皇后曰：兹者岁暮，特修祫祭之礼，恭迎肇祖原皇帝、原皇后……同格享祀，伏惟鉴知，谨告。

6. 清代光绪祫祭前期祧庙告祭文：惟光绪某年，岁次干支十二月干支朔，孝孙嗣皇帝御名（如遣官代祭，则于御名下，书谨遣某官恭代），敢告于肇祖原皇帝、原皇后……曰：兹者岁暮，特修祫祭之礼于太庙，恭迎同格享祀，伏惟鉴知，谨告。

鼎：为烹饪器，置放于太庙中，是重要的礼器，是宗庙的象征，也是国家的象征。一般为圆腹、立耳、3条腿，少数是方形、4条腿。鼎耳可以穿杠或搭钩。杠的专名叫扃，钩的专名叫铉。鼎是原始人创造的一种煮肉的大型器皿，初用陶制，后发展为青铜器。进入奴隶社会以后，成为重要的礼器，鼎的形状不同，用途也不同，逐渐形成了一套用鼎的制度。鼎有3种：一是镬鼎用来煮牲、鱼等肉食的大鼎，著名的后母戊鼎就是镬鼎的代表。二是设食鼎，或叫正鼎，用来盛放镬鼎煮熟的肉食。三是羞鼎，或叫陪鼎，用来盛放用肉煮成的滋味鲜美的调味羹。以上三类鼎，因使用者等级的不同而有差别，地位越高，用鼎的规格就越高。天子用九鼎，配镬鼎7个、羞鼎3个。诸侯、大夫逐级减少。在鼎的形制方面，商末和周初大致相同，西周晚期到春秋，多为圆底、附耳、蹄足。晋国率先创制新款式的青铜器，引起春秋晚期鼎的样式的多样化，如三晋多矮足扁圆鼎、南方多高足鼎。战国中期以后，普遍样式是素面附耳鼎，直至秦汉。

簋：盛食器，《周礼·地官·舍人》："凡祭祀，共簠簋。"郑玄注："圆曰簋。"其形制多圆腹、侈口、圈足，有无耳、两耳或三耳、四耳者。商代簋多无盖，西周和春秋时簋多带盖，有圈足下加方座形，或附三足。商周时期簋是标志贵族等级的礼器，祭礼或宴享时，鼎簋配合使用。鼎奇簋偶，呈八簋九鼎、

簋

六簋七鼎、四簋五鼎、二簋三鼎组合形式。战国以后极少发现用簋。清代太庙设有木簋和陶簋。

陶簋制圆而椭。皆口为回纹，腹为云纹，束为回纹，足为星云纹，两耳附以夔龙，盖面为云龙，上有棱四出。陶实际上是瓷质的，以不同的颜色来加以区别。木簋髹漆涂金，四面饰以玉，形制花纹与陶簋略同。陶簋和木簋在太庙享殿、祧庙使用。规定的尺寸是：高四寸二分，深二寸一分，口径七寸二分，底径六寸，盖高一寸八分，径与口径同，上有棱四出，高一寸一分。在太庙享殿的东、西配殿，所使用的簋和享殿的制同，只是周围不用玉来装饰。

簠：陶簠和铜簠规定的样式是：整体为方形，都是两耳为牺形，口为藻纹。次回纹，腹为贝纹，盖为藻纹、回纹、雷纹，上有峰、下有足，均为云纹。陶簠是瓷质的。以不同的颜色来加以区别，在太庙享殿、祧庙使用。规定的尺寸是：高四寸一分，深四寸，口径五寸一分，底径三寸三分，足高一寸三分，盖高二寸二分，峰高一寸，两耳及缘饰以金。太庙享殿的东、西配殿使用的陶簠跟铜簠和享殿的制同，只是耳和边缘不用黄金装饰。

木簠形制花纹与陶簠大略相同，髹漆涂金，四面饰以玉，在太庙享殿、祧庙使用。规定的尺寸是：高四寸六分，深二寸六分，口纵六寸四分，横八寸，底纵五寸一分，横六寸四分，盖高一寸四分，口纵横与器同，上有棱四周，纵六寸四分，横八寸。在太庙享殿的东、西配殿所使用的簠和享殿的制同，只是周围不用玉来装饰。

铏：古代盛羹的小鼎，两耳三足，有盖，常用于祭祀。如《仪礼·公食大夫礼》："宰夫设铏四于豆西东上。"这里的"羹"指肉菜羹。

角：饮酒器。形似爵而无柱，两尖尾而无流，有的带盖。一般见于商代和西周早期。最早的铜角属二里头文化。《礼记·礼器》："宗庙之祭，尊者举觯，卑者举角。"

爵：饮酒器。铜质或陶质。圆腹，前有流，后有尖尾，下有三高尖足，一侧有鋬，流后口沿上有二柱。也有无柱或单柱者。《说文》："爵，礼器也，象爵之形。"古爵为雀。爵盛行于商和西周。最早的铜爵见于河南偃师二里头文化，春秋战国时几乎绝迹。作为礼器，爵的器物组合似无定制。

匜：古代盥洗时浇水之器。铜质，陶匜多为明器。匜形似瓢呈椭圆状，前有流，后有鋬，个别带盖。西周中期出现之匜有四足；春秋匜多作兽头形，有四足、三足或圈足；战国之匜无足。匜多与盘合用。

玉爵：腹为藻纹，太庙享殿和祧庙使用。规定的尺寸是：高五寸三分，深二寸四分，两柱高九分，足高二寸一分，三足相距各一寸六分。

陶爵：腹为雷纹饕餮形。太庙享殿东、西配殿用白色的。总的高度是四寸二分，爵口深二寸二分，上面的两个小柱高六分，三个足高一寸八分，三足相距各一寸六分。

陶登：统一的形状是口为回纹，腹及校足为蟠龙纹、波纹，盖上为垂云纹，中为蟠龙纹。实际上陶登是瓷质的，在太庙享殿和祧庙使用，皆用黄色。规定的尺寸是：高六寸一分，深二寸一分，口径五寸，校围六寸六分，足径四寸五分，盖高一寸八分，径四寸五分，顶高四分。

笾：盛贮器。用竹制成，形状如豆。口有藤缘，绘云纹，以绢饰里。顶及缘皆髹以漆。用颜色加以区分。容量是四升，天子之笾以玉装饰，用以盛荐枣、栗、桃、梅、菱、脯、鲍及炒麦、糗饵等干物，太庙享殿和祧庙使用黄色。规定的尺寸是：高五寸八分，深九分，口径五寸，足径四寸五分，盖高二寸一分，径与口径同，顶正圆，高五分。太庙的东、西配殿也使用，但是红色。规定的尺寸是：高五寸五分，深八分，口径四寸八分，足径四寸二分，盖高二寸，顶高四分。

木豆：以木制成，髹漆涂金，三方饰以玉。形及花纹与陶豆同。口、足圆，直径都是一尺，其足叫作镫，中间直竖部分名校，直径二寸，外用黑漆饰，中赤，盛四升，天子之豆皆以玉装饰，用以盛荐各种腌菜及肉汁、肉酱等湿物。

陶豆和铜豆形状相同，都是腹是垂云纹、回纹，中间直竖的校是波纹，盖为波纹或回纹。陶豆实际上是瓷质的，在太庙享殿和祧庙使用。规定的尺寸是：高五寸五分，深二寸，

豆

口径四寸九分，校围二寸，足径四寸七分，盖高二寸二分，径与口径同，顶高五分。

筐：用细竹丝编成。四周髹以漆，用颜色加以区分，在太庙享殿和祧庙使用的颜色是黄色。规定的尺寸是：高五寸，长四寸九分，宽二尺二寸五分，足高七分，盖高一寸一分。太庙享殿的东、西配殿使用红色的筐。规定的尺寸是：高五寸，长五寸六分，宽二尺二寸五分，足高一寸，盖高一寸七分。

俎：盛放牺牲的祭祀器具，用木材制成。盛放太牢（牛、羊、猪）的俎供奉太庙的享殿、祧庙和东配殿，用黄色，都是在里面分为三个区域，上面有盖。外框长六尺多，宽三尺二寸，四周各有铜环两个，八条腿都有脚呈虎爪状，整体高度是二尺六寸多。盛放少牢（羊、猪）的俎供奉在太庙的西配殿，用红色。都是在里面分为两个区域，上面有盖。外框长三尺九寸，宽二尺八寸，左右各有铜环两个，六条腿都有脚呈虎爪状，整体高度是二尺七寸多。

尊：用铜制成，都是纯素无花纹，两耳为牺首形。太庙享殿和祧庙用铜尊，太庙享殿东、西配殿用白色的陶尊。陶尊实际上是瓷质的，用颜色来加以区分。规定的尺寸是：高八寸二分，口径四寸七分，腹围二尺三寸三分，底径四寸，足高二分。

牺尊：在太庙享殿和祧庙孟春祭祖时使用。尊高四寸八分，口径三寸三分，腹围一尺三寸五分，四面有棱，为回纹、龙纹，底径二寸六分，盖高二寸一分，径与口径相同，上为垂龙纹，下为龙纹。牺高五寸一分，长八寸三分。

象尊：象的形状，然后把尊放在它的上面，这就叫象尊。在太庙享殿和祧庙孟夏祭祖时使用。尊高四寸二分，口径三寸三分，为垂云纹，腹围一尺四寸四分，全素，底径三寸，盖高一寸九分，径四寸。象高五寸二分，长七寸一分。

著尊：用青铜铸造，纯素无花纹。太庙前殿、太庙后殿、孟秋时享用。高八寸五分，深八寸二分，口径八寸三分，底径六寸八分。

壶尊：用铜在模具中铸造而成，纯素而无花纹。在太庙享殿和祧庙孟冬祭祖时使用。高八寸四分，深七寸九分，口径五寸二分，顶围一尺二寸六分，腹围二尺一寸九分，底径五寸二分，足径四寸三分。

山尊：用铜在模具中铸造而成。在太庙祫祭用。高九寸七分，口径五寸二分，顶围九寸九分，腹围一尺六寸五分，底径三寸七分，足径五寸三分，四面有棱，中为山形，旁为雷纹，腹及跗皆为云纹，盖高二寸四分，径五寸六分，有棱状的装饰，顶高五分。

金戟：戟又称孑、镘、匽。可钩可刺的兵器。为戈与矛的合体。戟出现于商、周，盛行于各代。商代将戈和矛联装在一个木柄上，为后来戟的雏形。周代在戈的基础上改进刺锋，或将锋端铸成反卷的钩状，使其具有钩、啄、桩（撞击）、刺四种效能。战国末及秦汉时期，钢铁戟取代铜戟，戟刺成为窄长尖锐形式，戟体近似"卜"字。至南北朝，戟渐被枪取代，仅成为仪仗器物。太庙戟门陈列的戟就是仪仗器物，而不是真正的兵器。红杆饰以金龙、银镦，镏金的戟刃，美观大方。

铜锅：太庙现存的是明代遗物，圆口圆底，用青铜铸造。是神厨中用于蒸煮烹制祭品的炊具。

铜缸（海缸）：太庙现存的是明代遗物，圆口平底，用青铜铸造。置于三座殿堂前后，用于贮水防火。每到冬天，为防缸水冻结，要加盖保温并在缸下贮火加温。

太庙防火铜缸

其他尚有家具杂物类如条案、香几、烛台、衣架、拜垫等。

古树——有生命的文物

古柏的树种为侧柏或桧柏，多为明代太庙初建时所植，少数为清代补种。树龄高者达 500 年以上，低者亦 300 年以上。古柏千姿百态，浓密苍翠，绵延成林，环绕太庙中心建筑群，与黄瓦红墙交相辉映，形成庄严、清幽的环境。据民间流传，太庙原为宫禁时，林中有成群的灰鹤栖息，呈现出一幅城中独特的山林野景。

所谓的灰鹤。经笔者考证，实际上是苍鹭。苍鹭（拉丁学名：*Ardea cinerea*）又称灰鹭，为鹭科鹭属的一种涉禽，是欧亚大陆与非洲大陆的湿地中极为常见的大型水边鸟类，在树上筑巢。当时北京水网密布，近处有筒子河、菖蒲河，适宜苍鹭觅食，太庙高大茂密的古柏，成了苍鹭晚间栖息的最佳场所。成群的苍鹭在苍翠的古柏中飞舞、栖息，不仅为古柏林平添了色彩和生命的韵律，而且成为紫禁城核心区域极为独特的自然景观。如今，苍鹭不知何处去，此地幸存古柏林。古柏在人们的精心保护下，虽饱经风霜，却依然生机盎然、郁郁葱葱。

与故宫鲜有高大树木相反，太庙原有古柏等高大树木1000多棵，是紫禁城范围内古树名木最多的古建园林。虽然古树有自然死亡，但经过园林工人多年精心养护复壮，现存古树714棵，其中柏树711棵、松树2棵、槐树1棵，柏树中侧柏最多，其他是桧柏，园林部门对所有古树进行了统一编号，进行了卫星定位。

太庙的古树林生长良好，四季常绿，郁郁葱葱，夏日风听柏涛，冬日雪览树挂，庄严肃穆，风景优美，负氧离子相对较高，有益人体健康，确实是不可多得的城中野景，是游客休憩、锻炼、游览的极好场所。

太子林

位于琉璃门东侧。此处古柏独立成林，相传为明朝几代太子陆续所植。太子年幼调皮，随意栽植，不循行距，随从太监亦不敢阻拦，任其所为，故而成林后与他处柏林不同，纵横排列参差不齐。虽然不整齐，但长势特别好，有几棵形状特别独特，通身长成螺旋状，如同蟠龙，正好与传说中太子种树所印证。自然与想象相映成趣，使太子林形成独特景观。

太子林

神柏

位于前区光荣榜东侧。此柏相传为太庙始建时明成祖手植的第一棵树。太庙始成，遍植新柏，连种三年均未成活，乃因土质不宜。一名工匠献计，将太庙的薄土与皇城东北角的沃土对换，并请朱棣首栽此树，果然成活。人皆说是皇帝福荫所致，遂称为"神柏"。后代皇帝、亲贵祭祖至此须下轿、下马，以示尊重。

树上柏

位于西北门里。此柏在8米高的斜枝上又长出一株柏树，树形规整，树冠浑圆，碧绿青翠，蔚为奇观，为清朝入主北京、天下大定后所生。座枝指向皇宫，这种自然现象，在民间传说中，被夸赞为清朝承袭明朝宫殿社稷，且根基稳固之意。

鹿形柏

位于西区中部。此柏为明代所植。从东北方向看，其枝干树冠形如一只梅花鹿，鹿头部的两个树洞恰似嘴和眼睛，顾盼机警，奔驰跳跃，是鲜见的植物景观。传说太庙宫禁之时，树上有许多灰鹤栖息，被视为松柏常青、鹿鹤同春的吉象。

明成祖手植柏

位于祧庙后门西侧。此柏高 13.5 米，树干径围 5.5 米，枝叶繁茂，茁壮挺拔，传说是朱棣亲手所植。明成祖朱棣迁都北京后，积极倡导绿化种树，不仅在建成太庙以后亲手在前区种植了第一棵柏树，而且每年都继续在园内种植柏树，以告慰先祖，借柏树长年的美好寓意，抒发天下大定、治国安邦之宏愿。这棵明成祖手植柏长势特别茂盛，独居群柏之首。

太庙人物

　　太庙是皇帝祭祀列祖列宗的神圣之所，曾经供奉过明、清两代的皇帝。他们或叱咤风云，或谨小慎微，或荒诞不经，但都与中国的历史息息相关。他们的皇后或平淡无奇，或大仁大智，在历史上留下了相异的声名。此外，还有许多文治武功的王公大臣在这里配享，同样是赫赫有名。还有一些以各种方式和太庙有关的人物，或神秘传奇，或命运多舛。总之，不论是帝王将相，还是工匠太监，都为太庙增添了动人的故事。

明成祖与北京太庙的兴建

永乐十八年十一月戊辰日（1420年12月8日），明朝北京皇宫建成了，皇宫外朝的重要建筑——太庙也同时诞生。所以，明代北京太庙兴建的历史背景和兴建北京皇宫的历史是紧密相连的。要讲清这一段历史，必须从明成祖说起。

明成祖朱棣，是明朝开国皇帝朱元璋的第四个儿子，出生于至正二十年（1360）四月十七日，洪武三年（1370）十一月被封为燕王。

洪武二十三年（1390），朱元璋下令让朱棣和晋王朱棡出征，击败元朝蒙古旧部（历史上称作"故元"的丞相太尉）获得全胜。此后，朱棣又率诸将出塞迎敌，都取得了胜利，于是威名大振。

明成祖朱棣

洪武三十一年（1398），朱元璋去世，因太子早死，皇太孙朱允炆继位当了皇帝，改年号为建文。建文帝不久接连把周王橚、齐王榑、代王桂、岷王楩贬为老百姓。建文元年（1399）七月，朱允炆又秘密地命令北平指挥使谢贵等人，在城边调动重兵围困燕王府，还用木栅栏当路障阻挡燕王府门。张信秘密地报告燕王说:建文帝要逮捕燕王。朱棣立即采取措施，设计杀了张昺、谢贵，夺九门，愤然起兵发动"靖难"之役。朝廷的将士有许多投降了燕王。经过三年多的征战，建文四年（1402）六月，燕王军队进入南京。建文帝下落不明。朱棣于六月十七日继位，改年号以第二年为永乐元年。

永乐元年（1403）正月，朱棣祭天后回到宫中，礼部尚书李至刚首次提出北平应建为京都。这一建议非常符合朱棣的想法，于是下令改北平为北京。形成南京、北京两个京城的局面，但当时是不是准备把京城正式迁往北京还没有确定。

据《明太宗实录》记载，永乐四年（1406）闰七月初五"文武群臣淇国公丘福等，请建北京宫殿以备巡幸"。此时营建北京宫殿的名义是"巡幸"，但实际上这时北京早已经大兴土木了。据记载:"初，营建北京，凡庙坛、郊祀、坛场、宫殿、门阙，规制悉如南京，而高敞壮丽之。"如此巨大的规划和施工，不是后来增补的，而是动工前决定的。因此，营建北京城的目的不是为巡幸，而是为迁都，只不过当时为了稳定人心，暂时没有公布而已。

永乐八年（1410）、十二年（1414），明成祖对鞑靼及瓦剌两次亲征，大大地削弱了对方的实力，使得鞑靼和瓦剌无力再进攻骚扰边境，一直至永乐二十年（1422），明朝没有发生大的战乱。所以明朝能够集中人力、物力，完成兴建北京的巨大工程。

由于永乐四年（1406）明成祖已经决定迁都，所以永乐五年

（1407）徐皇后驾崩后一直没有入葬。到永乐七年（1409）三月，朱棣来到北京，下令建长陵葬徐皇后，永乐十一年（1413）长陵建成。

明成祖朱棣兴建北京并迁都的目的是：以强大的控制迫使北部边疆的故元及蒙古各部能各守其土、安居乐业，不再进攻明朝。这有利于国家统一，有利于百姓生活的安定，有利于经济的发展。纵观历史，明成祖的这一战略性的计划，在当时收到了效果。

朱棣营建北京宫殿，与秦始皇建造阿房宫、隋朝营建东都有很大不同。前者是榨取民脂民膏，为皇帝个人享乐；而明成祖朱棣建北京城，主要是为国家的利益。这样评价的理由是：明成祖从北京建成到他去世共计 55 个月，在这段时间里，朱棣只有 30 个月住在宫殿，有 24 个月在征途中，而且最后死在征途中。正如永乐七年（1409）朱棣来到北京发出治谕所说："朕受天命嗣大统，即位以来，夙夜拳拳，志图治理。今建北京，思与百姓同享太平。惟能务善去恶，可以永保身家。"意思是说：我当皇帝以来，为了治理好国家，夜以继日地工作。现在兴建了北京，目的是和老百姓一块享受太平的日子，只有多做好事、消除邪恶，才能获得永远的安宁。可惜他去世得太早了。

明成祖兴建北京并迁都，对国家和百姓都有积极意义。从今天看来，还给后代留下了无与伦比的文化遗产，其中也包括太庙，朱棣应该是值得我们永远纪念的一代名君。

嘉靖皇帝与议大礼事件

廷杖是皇帝在朝堂或宫门对大臣予以杖责。用通俗的话说，就是在朝廷上用棍子打大臣的屁股。廷杖早在汉代就有了，隋文帝杨坚常在殿下杖责大臣；唐玄宗时，曾在朝堂杖责监察御史等人；北魏、金代和元代也都使用过廷杖。以前各代的廷杖只是皇帝偶尔动怒，即兴所为，到了明代便逐渐形成制度，成为皇帝常用的惩罚朝臣的手段。

因为太庙祭祀的问题大规模地打朝廷大臣的屁股，而且打死了很多人，真是不可思议。这说明在中国古代，祭祀祖先是一个多么重大的事情！"廷杖"这个刑法确实是太残酷了。

明代廷杖始于太祖朱元璋。洪武八年（1375），茹太素上疏奏事，言辞有所触犯。朱元璋大怒，把茹太素叫来当面责问，并在朝堂施用杖刑。茹太素是明代第一个受廷杖的朝臣。永乐以后，施行廷杖的次数越来越频繁。成化、正德、嘉靖，一直到明末的崇祯，明代 200 多年，廷杖一直在广泛地使用，尤其是以正德、嘉靖年间次数最多。施刑时的仪式、方法逐渐形成了一整套比较固定的程序。

明代的廷杖大都在午门外进行，受廷杖的人被用绳索绑住手脚，身上穿着囚衣，押出午门，午门随即关闭。在午门前的空场上，百名校尉衣甲鲜丽，手执木棍左右排列，司礼监太监高声宣读了皇帝的批示以后，在午门西侧台阶下的左边就座。锦衣卫指挥使在右侧就座，手下听候差遣，往来奔走的有数十个人。不一会儿，校尉把受刑的犯官拉来一个，让他在指定的位置脸朝下趴在地上，掀起衣服，褪下裤子，露出屁股和大腿。司礼太监命令："搁棍！"两旁校尉齐声大喝："搁棍！"这时有一个人拿着一根大竹杖走出队列，把竹杖搁在犯官的大腿上。校尉们又按照司礼太监的命令齐声大喝："打！"于是，行刑者高举竹杖，打犯官的屁股。打了三下以后，校尉们又大喝："着实打！"行刑者更加用力打。在打的过程中，校尉们有时会按照司礼太监的眼色大喝："用心打！"这是告诉行刑者往死里打。行刑者心领神会，打得更加凶狠。每打五下，行刑者要换一个人。校尉们照样用吆喝声来传达太监的命令。每次喝令时，都先由一人发令，然后百名校尉齐声附和，喊声震天动地，正在挨打的犯官和等待挨打的犯官莫不心惊胆战，全身发抖。不仅如此，在打完屁股以后，四个校尉还要把犯官放在一块方形的布上，四人从四角用力，把犯官抛向空中，然后重重地摔下，有的人就算没被打死，也会被摔死。

嘉靖初年，实施了一次大规模的廷杖。这就是明史上著名的"议大礼"事件。事情的起因是：武宗朱厚照去世，他没有儿子可以继承帝位，于是由皇太后张氏做主，将孝宗朱祐樘的弟弟兴献王朱祐杬的儿子朱厚熜过继给孝宗，作为嗣子，这样他就算是武宗的弟弟，可以继承帝位。朱厚熜就是世宗嘉靖皇帝。他即位后本来应该承认孝宗为父，而应称自己的父母为"本生父母"，但是他登基后的第一件事，就是下旨免去"本生"的称呼，并给亲生父亲追加皇帝的谥号。他的意思显然是不愿意做孝宗嗣子，这和当初皇太后让他继位时的说法相矛盾。因此，群臣舆论哗然而起，认为世宗的做法不合大礼。于是，以尚书金献民、侍郎何孟春为首，共计229位朝臣，一起跪在左顺门进谏，劝皇上改变主意，形成了"群臣争大礼，聚哭左顺门"的罕见局面。这让嘉靖皇帝大怒，朝臣和皇帝因祭祀祖先的问题产生了激烈的冲突，引起轩然大波，但倒霉的肯定是墨守祖制、敢于进谏的大臣。

世宗知道之后，命令司礼监太监传旨，让进谏的群臣退下。群臣说，一定要得到圣谕才能退。从早晨到中午，世宗两次传旨，众官仍然跪着不起来。世宗龙颜大怒，命令锦衣卫校尉把为首者逮捕。修撰杨慎、检讨王元正等人用力摇晃左顺门的门扇，放声大哭。世宗更加恼怒，又命令把四品以下的朝臣马理、王相、毛玉、张日韬等134人拘禁并实行廷杖；五天后将其中的16人在午门施行廷杖；再过四天，又将修撰杨慎等7人再杖一次。被廷杖的134人中共打死17人。通过"议大礼"事件，嘉靖皇帝把廷杖残害大臣的恶劣行径推向了高峰，是明代廷杖打死官员最多的一次，这种倒行逆施加速了明代的衰亡。

董鄂妃的牌位为什么不能进太庙

　　董鄂妃是顺治皇帝极宠幸的贵妃，死后被追封为孝献皇后。根据清代皇室的制度，皇后去世后，她的神主要升祔奉先殿和太庙。但是，董鄂妃虽然被追封为皇后，却没有这样的待遇。不仅如此，她还有一系列皇后应当享受的殊荣不能享受。如：皇后的谥号后面要加上皇帝的庙谥，称作"系谥"，但董鄂妃不能系世祖顺治的庙谥，不能叫"孝献章皇后"，只能叫"孝献皇后"，简

董鄂妃的牌位

称"端敬皇后";按照乾隆皇帝即位时定的规矩，皇帝和皇后的忌日都是大祭，可唯独董鄂妃却是小祭；董鄂妃的神主不能在顺治皇帝陵墓的隆恩殿中暖阁供奉，而是被放在西暖阁，而这里是供奉贵妃的，也是降格待遇；清朝皇后的谥号经后世加封到16个字为止，唯独董鄂妃的谥号后世不再加封，始终是12个字："孝献庄和至德宣仁温惠端敬皇后"。这一系列的冷遇是为什么呢？

这要从董鄂妃的出身和来历说起。

孝献皇后，满洲董鄂氏，入宫与其他后妃不同，即非联姻，也非选秀，她是顺治帝抢进宫来的。据魏特《汤若望传》记载，汤若望回忆说："顺治皇帝对于一位满籍军人之夫人起了一种火热的恋爱，当这位军人因此申斥他的夫人时，他竟被对他申斥有所闻知的天子打了一个极其怪异的耳掴，这位军人于是因怨愤致死，或是自杀而死，皇帝便将这位军人的夫人收入宫中，封为贵妃。"这就是董鄂妃的真实来历，据考证，这位军人是顺治皇帝异母十一弟博穆·博果尔。

事实确实如此。董鄂妃入宫时是18岁，她貌美、贤惠，非常了解皇帝的心思，和顺治皇帝十分恩爱。福临"眷之特隆，宠冠后宫"。所以她入宫后就被封为贵妃，一个多月后连升两级，晋升为皇贵妃，地位仅次于皇后。

可是，在顺治皇帝死后，董鄂妃的地位发生了显著的变化。上面所说的许多冷遇接踵而来，虽追封为皇后但排在孝惠、孝康二位皇后之后，神主也不供奉太庙。

董鄂妃遭受冷遇的原因有以下两条。

　　一是她的卑微出身和被"抢"进宫而跃升为皇帝贵妃的特殊经历。

　　二是顺治皇帝对她过分宠幸,使顺治做出了一系列违背祖宗家法的"另类"行动:

　　进宫不到两个月,董鄂妃就晋升皇贵妃,直逼皇后之位,速度之快,令满朝震惊,当然会受到皇后和皇后家族的嫉恨。

　　董鄂妃所生的皇四子出生第二天,顺治皇帝就对这个皇子寄托了继承皇位的厚望,称"朕第一子"。此子夭折后被追封为亲王,

顺治皇帝为董鄂妃画的像

顺治皇帝为其隆重地料理丧事，甚至一怒处死了两名弄错葬期时辰的礼部官员，还有许多官员被牵连遭鞭打或罚银。顺治帝为取悦董鄂妃而加罪很多人。

董鄂妃进宫后虽备受顺治皇帝宠爱，但她深知自己宠冠后宫容易遭妒，而且毕竟经历不同于其他嫔妃，紧张的精神生活再加上失子之痛，使她很快病倒了，顺治十七年（1660）八月十九日命归黄泉。董鄂妃的去世使顺治皇帝几近疯狂，"竟至寻死觅活，不顾一切"。他下令为董鄂妃隆重治丧，追封为皇后。大肆奢办丧事，竟让二、三品的高官为她抬棺，曾勒令30名太监和宫人殉葬。

按定制，死于皇帝之前的皇后，初上谥只用两个字。董鄂妃死后，顺治皇帝命礼臣议谥，初拟四个字不允，拟六字、八字直至12个字才得到顺治皇帝的认可，犹以谥号中无"天""圣"二字为歉。

顺治皇帝的这一系列"另类"做法，其核心是对"祖宗之法"的践踏，必然会引起孝庄皇太后及朝中大臣们的强烈不满。他一"驾崩"，董鄂妃就失去了强大的靠山，早已敢怒不敢言的大臣们自然要迁怒到董鄂妃的牌位上，致使董鄂妃的牌位不能进入太庙享受供奉，这是对死去的董鄂妃非常严厉的惩罚。

乾隆对太庙的热衷与贡献

乾隆皇帝是中国古代在世最久的皇帝，也是在位最久的皇帝。良好的文化教育及他本人的政治和艺术天赋，使他能够对传统文化中重要的组成部分——祭祀活动，特别是对祭祀祖先非常重视、十分谦恭。每次祭祖，乾隆皇帝都亲到并极为认真地履行祭祀的礼仪程序，不仅在太庙留下了很多足迹，同时对太庙也进行了多次修缮，对相关制度进行了改革。

乾隆皇帝

一是修缮太庙。

据史书和清朝档案记载，乾隆在位时曾多次修缮太庙，在乾隆二年（1737）进行了一次大规模的修缮，历时四年才完工，使已经300多年的太庙面貌焕然一新。乾隆二十五年（1760）又进行了一次全面的修缮，新开了寝殿通往祧庙的东、西两个侧门。这次修缮，还将金水河引入戟门前原来没有水的玉带河。此次修缮工期不详，但有将太庙享殿9间扩为11间、将祧庙5间扩为

9 间的说法。如果真的是这样，确实工程浩大，应当费时多年，只是没有准确的史料记载，当与史实有较大差异。乾隆二十八年（1763），又将玉带河七座桥和 26 块汉白玉栏板和望柱进行拆改，增加了 288 块栏板和望柱，增建了两座水闸，使玉带河水暖季流水充盈。玉带桥因有水而增加了灵气，愈加美丽。

二是改革卤簿礼仪制度。

根据清代正史的记载，乾隆曾经两次对卤簿制度进行改革。据《清通考》记载：乾隆七年（1742），他提出："古者崇效享，则备法驾卤簿乘玉辂，以称巨制。国朝定制有大驾卤簿，行驾仪仗，行幸仪仗，其名参用，宋明以来之旧，而旗率麾盖，视前倍简。今稍为增益，更定大驾卤簿为法驾卤簿，行驾仪仗为銮驾卤簿，行幸仪仗为骑驾卤簿，合三者为大驾卤簿，南郊用之。"

乾隆这段话的意思是说：古代的帝王十分崇尚仪仗的礼仪，设置法驾卤簿，乘坐高大豪华的"辂车"，堪称制度规模巨大。清朝也制定有大驾卤簿，行驾仪仗、行幸仪仗，名称重叠，是宋朝和明朝的老规矩。但是旗子和华盖却减少了，现在稍微增加一些，把大驾卤簿改名叫法驾卤簿、行驾仪仗改名为銮驾卤簿、行幸仪仗改名为骑驾卤簿，把这三种仪仗合起来称为大驾卤簿，在天坛祭祀的时候使用，不仅规范了名称，而且使卤簿规模有所扩大。

在乾隆以前，大驾卤簿使用的场合较广，元旦、皇帝生日等也都陈设。乾隆十三年（1748）的时候再次对礼制进行了改革，规定了大驾卤簿只有圜丘、祈谷和常雩三个最高级的大祀才能使用。

据《清会典》记载："凡卤簿之制有四：一曰大驾卤簿，惟三大祀陈焉；二曰法驾卤簿，祭祀陈列于路，朝会则陈列于庭；三曰銮驾卤簿，行幸于皇城则陈之；四曰骑驾卤簿，省方著大阅则陈之。"意思是说皇家礼仪的仪仗队伍分为四个级别：第一等的叫"大驾卤簿"，在三次级别最高的祭祀活动的时候使用，即：圜丘，也就是在天坛的圜丘祭天时陈列；祈谷，也就是在天坛的祈年殿祈祷丰年的时候陈列；常雩，也就是在天坛祈祷下雨的时候陈列。第二等的叫"法驾卤簿"，在祭祀的时候陈列在路上，在太和殿朝会的时候陈列在殿前广场。第三等的叫"銮驾卤簿"，在皇帝巡游皇城的时候陈列。第四等叫"骑驾卤簿"，在皇帝出行外省和检阅军队的时候陈列。这样，乾隆把卤簿制度实现了规范化并更加豪华。据记载，大驾卤簿各类人员达到3000多人，适合于当时皇家重祭祀活动的需要，当然也使太庙的祭祀礼仪的场面更加宏大，其独特的审美价值也就更大，这可说是乾隆对太庙的独特贡献。

三是改革祭品、祭器制度。

乾隆时曾经对祭品、祭器制度进行改革。根据《清通考》记载：乾隆对先皇帝制定的坛庙祭器"范铜为器"（即以青铜、金银等金属铸造祭祀器具）的规定，标新立异地提出了他独到的尊古仿古的思想。他说："考之前古……诸祭器，或用金银以示贵重，或用陶匏以崇素质……历代相承，去古甚远……我朝坛庙祭器亦用瓷，盖沿前朝之旧……朕思坛庙祭器即尊用古名，则祭器自应悉仿古制，一体更正，以备隆仪。著大学士会同该部，稽核经图，审其名物库数，制作款式，折衷制当，详议绘图以闻，朕将亲为审定。"乾隆这段话的意思是：考察古代的各种祭器，有的用金银制造表示贵重，有的用陶器和葫芦等制作表示推崇质朴。可是，后来历代继承古代祭器制作的标准的时候，却逐步地改变，离古代的规范越来越远。我们清朝用瓷来制作祭器，也是沿袭前朝的演变后的规矩。我经过思考认为：祭器既然尊用古代的名字，就应该全部仿照古制来制作。所以要全部按照古制进行更改，以使祭祀更能适合越古朴越隆重的本意。现在我下令让大学士和主管祭祀的部门，查找对照古代经书上记载的图样，确定各种祭器应当备存的数量和款式，经过恰如其分地确定后，详细地向我汇报，并且要画出图样，我将亲自进行审定。

由此我们可以看出：首先，乾隆对祭器十分重视，必须亲自审定；第二，乾隆认为质朴的祭器才更加接近周礼；第三，这种"厚古薄今"的观念对盲目地使用贵重材料制作祭器的传统是一种有意义的改革。在乾隆的亲自推动下，坛庙的祭器全部改为朴素无华的漆器、陶器和匏器（葫芦器）。

四是御制太庙诗文。

乾隆是中国写诗最多的皇帝，一生共写诗 4 万多首，甚至超过了唐朝 2000 多位诗人的作品总和。在这些诗作当中，有不少是关于在太庙祭祀祖先的诗。在此仅介绍一首，以窥其貌。

孟秋时享太庙诗

玉斗回旋屈指庚，金舆凤驾紫鸾鸣。

矞皇礼乐陈清朝，紃缦云霞焕宝楹。

陟降俨临神鉴赫，显承佑启泰阶平。

礼成肃穆瞻霄汉，何限依迟霜露情。

乾隆庚申御笔

这首祭祖诗写于乾隆五年（1740），为秋天的第二个月到寝殿进行时享时所写。内容是用诗的语言记录了到太庙祭祖的大致过程和心情。全诗大意是：掐着指头计算时间，很快就要到秋天祭祀祖先的时候了，乘坐的豪华车辇铃铛清脆地响着，色彩艳丽的礼乐队伍陈列在清晨的路上，太庙缠绕着云霞般美丽的帷幔，我走上台阶又走下台阶，庄严地在铜镜前整理自己显赫的仪容，把祭祀的祝版高高地举过头顶，小心地保护着并轻轻地打开向祖先展示，虔诚的心境使我觉得高高的台阶也变得平坦了，完成祭祀的礼仪以后，我神情肃穆地仰望着焚烧玉帛而直冲云天的青烟，心里想着：祖先对我的赐福一定会大大地超过我这微不足道的祭祀之情。

乾隆写的其他的诗文我们很难评价，但这首祭祀祖先的诗，应当是佳作了，诗中有叙述、有描写、有抒情，语言华美，声情并茂。阅读这首诗，使我们在几百年后的今天，似乎能够朦胧地体会到当时皇帝祭祀祖先的情景和心情，对我们进一步了解和感受太庙的祭祀文化是很有帮助的。

修建太庙的工匠

现存的太庙是明代兴建、清代继承并修缮的。明代的宫廷建筑是中国古代建筑最辉煌的时期之一，永乐年间建造的紫禁城是明朝宫廷建筑建设的高潮之一，明嘉靖时期是明朝宫殿建筑的第二个建设高潮；清代的乾隆年间是对太庙大规模修缮的重要时期。这些极为辉煌的建筑，都是古代劳动人民智慧和汗水的结晶。可在中国古代，工匠的地位卑微，建筑作品上决不允许留下工匠的姓名，所以，在将近 600 年的岁月里，许许多多为建造、修缮太庙而付出聪明智慧和辛勤汗水的工匠，包括石匠、木匠、瓦匠、漆工、画工都永远地淹没在历史的风尘里，无人知晓。现在通过一些历史的零星记载，可以寻找到一些著名的、地位相对较高的、曾经主持重大工程的工匠的姓名和简单的事迹。

中国古代的工匠，大多是世代相传，逐渐积累经验，逐渐提高技艺。在明代的时候，这些工匠把中国古代建筑设计造型、材料制造和应用、技艺手段、装饰彩绘的水平推到了顶峰，可说是集历代皇家宫殿建筑之大成，登峰造极，炉火纯青。而太庙由于在皇宫建筑中显赫的地位，其建筑设计和施工的工匠都是当时最优秀的工匠。

明代永乐时期，设计建造巍峨的皇宫和紫禁城的是以木工蒯祥和工艺师蔡信为首的能工巧匠。

皇宫和紫禁城的主要设计者是蒯祥。他祖籍苏州府吴县，自幼随父学艺，肯于钻研，心灵手巧，终以"精于其艺"而闻名于南京，成了"木工首"。蒯祥被调入北京以后，因技术高超被擢升为设计人员之一，与阮安、蔡信、杨青等分工负责，互相配合，营建北京的城池和宫殿。永乐年间，蒯祥正值中年，技术达到了炉火纯青

蒯祥画像

的程度，"凡殿阁楼榭，回廊曲宇，随手图之"，"能以双手画双龙，合之如一"。不仅巧思善画，而且能目测心算，看似无心地用尺子一量，设计营造之物却能准确无误，因而有"蒯鲁班"的称号。

史书记载的其他技艺超群的工匠还有：木工蒯福、蒯义和蒯纲。

明代宣德时期，建造宫殿的出色工匠有石工陆祥。

明代嘉靖时期，宫殿建筑最杰出的工匠代表是郭文英和徐杲，这一时期优秀的工匠还有木工赵的秀和冯巧。

郭文英是陕西韩城人，木工出身，嘉靖初期和中期的宫殿坛庙建筑，大都是由郭文英设计并参加施工营建的。这些重大的建筑有太庙、历代帝王庙、朝日坛、夕月坛、方泽坛、皇史宬及天坛的改建、大高玄殿的建造等。《韩城县志》第五卷记载郭文英

的事迹:"世庙钦崇醮典……营宫孔棘，匠师济济，然擘画图克当帝衷者，则推郭文英焉。"大意是说:嘉靖皇帝非常注重祭祀和道教仪式，大规模地修建坛庙，在很多的能工巧匠当中，能够筹划设计建筑方案，而且非常博得嘉靖皇帝赞赏的，首推郭文英。

徐杲是明代嘉靖中叶以后的重要建筑师，他先后参与了许多重大工程，如太庙、皇史宬、京师外城等。嘉靖三十六年（1557），紫禁城前朝三大殿第二次被烧，奉天门也被烧，由徐杲躬自操作，不数月而奉天门复立。嘉靖三十八年（1559）重建三大殿，徐杲主工，到嘉靖四十一年（1562）完工后，复建的三大殿和原来一模一样。据《日下旧闻考·第三卷》记载:"三大殿规制，自宣德再建后，诸将作皆莫省其旧，而工匠徐杲能以意料量，比落成，竟不失尺寸。"大意是说:皇宫三大殿的建筑样式和尺寸数据，从宣德时代重新建造后，众多的工匠都只能按照旧有的样式和尺寸建造和修缮，否则就会变形出差错。只有工匠徐杲能够根据自己的经验和记忆来加工构件，等到宫殿盖成，样式尺寸和原来的样式尺寸一模一样。这说明徐杲对建筑的样式、规矩和数据已经烂熟于心了。徐杲因此得到明世宗的宠信，被破天荒地提拔为工部尚书。

样式雷是清代最为著名的工匠家族，其已经成为世界非物质文化遗产。雷氏家族是长期掌管宫廷样式房、承办皇家建筑工程的世家，始祖雷发达，字明所，江西建昌人。清代初年，雷发达与堂兄雷发宣应募来到北京。流传很广的传奇故事是:在重建被烧毁的太和殿时，因当时大木几乎被明代采光，工匠在短时间内无法重建。于是拆取明代皇陵的楠木梁柱来用。由于工匠疏忽，上梁时卯榫悬不合，工程无法进行。工部官员无奈，只好私自请雷发达来升梁。雷发达用斧子敲了几下，榫就落入卯中，建筑的上梁礼仪才得以完成。康熙皇帝得知后召见雷发达，当面封他为工部营造所长班。后来，雷发达的儿子雷金玉继承父业，继任长班，在圆明园楠木作样式房任掌案。雷金玉的儿子雷生澂，雷生澂的儿子雷家玮、雷家玺和雷家瑞，父子四人都继承祖业，成为中国工匠史上最具典型的家族传承典范。

雷家玺先后承办过许多皇家建筑工程。在乾隆、嘉庆年间，样式房内外兼营，雷氏三兄弟通力合作，业务十分兴旺。雷家玺的儿子雷景修继掌样房，雷景修的儿子雷思起营建定陵，受到皇帝的奖赏。同治年间（1862—1874），朝中有人建议修复圆明园，雷思起与子雷廷昌进呈图样。雷廷昌还参与了惠陵、普祥、普陀陵工及三海、万寿山的建造施工。样式雷家族参与皇家宫廷工程掌管样式房，前后七世，长达 200 余年。康熙以后历朝的宫殿、行宫、陵寝、园苑等工程的图样绘制、烫样制作，也都出于样式雷世家，像太庙这样重要建筑的较大规模的修缮，样式雷家族的七代工匠是必然参加的。

清代除了样式雷家族以外，优秀的工匠还有木工梁九等。

这些著名的工匠为明、清的皇家宫廷建筑付出了巨大的心血，在中国古代建筑史上做出了不可磨灭的贡献，给我们今天留下了无与伦比的瑰宝，其中包括巍峨壮丽的太庙，我们应该永远纪念他们。

末代皇帝和太庙

由努尔哈赤、皇太极等皇帝开创的清朝到了末期，已经在西方列强的侵略下和内部矛盾的消耗中，沦为半殖民地半封建社会，江河日下，气数已尽，风雨飘摇，康乾盛世的风光早已不在。末代皇帝溥仪3岁登基，在位仅三年，辛亥革命就爆发了。1912年12月25日，溥仪宣告退位，后来复辟失败，还跑到东北当了伪满洲国的傀儡皇帝。中华人民共和国成立后，溥仪从战犯被改造为公民，1967年10月17日病逝，享年61岁，初葬八宝山公墓，1995年1月26日移葬河北省易县清西陵华龙陵园。中国从秦始皇开始，历经2132年，溥仪是第492位皇帝，他不仅是清朝的末代皇帝，也是中国最后一位皇帝。从皇帝的角度说，溥仪没有庙号和谥号，只有年号宣统。他是清朝皇帝当中唯一没有，也不可能确立神主并进入太庙接受供奉的皇帝，是一位人生经历最为奇特的皇帝。按理说，溥仪退位时还是孩子，应当和太庙祭祖的联系不多，但事实上，根据民国政府与清朝皇室签订的"优待条件"，溥仪及皇室成员仍暂时居住紫禁城，溥仪在宫内仍然保持"皇帝尊号"。当时，溥仪对外虽不能发号施令，而在紫禁城内部，封建时代的一些旧制陈规丝毫也没有改变。其中，祭祖是一个非常重要的内容，溥仪仍然把持着太庙，照常到太庙祭祖，不仅没有减少，反而因丢了江山、愧对祖先而频繁地到太庙祭祖，乞求祖先保佑他复辟。当然，这只能是一枕黄粱而已。溥仪祭祖的次数不少，但规模和程序自然今非昔比，简陋得多了。一直到1924年冯玉祥发动"北京政变"，溥仪才于当年11月5日被迫出宫，彻底地断绝了和太庙的关系。

出宫后的溥仪、婉容夫妇

关于溥仪逊位后继续祭祖的情况，史料记载不多。1919年清朝朝廷早已被推翻，民国成立已经8年了，这时清皇室后裔溥佳来到紫禁城，在毓庆宫给溥仪伴读，一直到1924年。在长达五年的时间里，溥佳亲身经历了逊位皇帝溥仪祭祖的仪式，并在《记清宫的庆典、祭祀和敬神》中有如下真实回忆："宫内的祭祀很多，但最隆重的要算祭祀祖先，祭祀历代的列祖列宗们，每逢春秋大祭和帝后诞辰，溥仪都要率领王公大臣到太庙、奉先殿和寿皇殿去行礼；溥仪不能亲行时，就指派王公大臣等轮流去行礼，这叫作'恭代'。我也去'恭代'过好几回。头一回是到奉先殿，因我不懂这种礼仪，我父亲事先先教给我。祭祀时都用满语，因我没有学过，我父亲就临时教给我两个单字：一个是'亨其乐'（叩头）；一个是'伊力'（起来）。我记下了这两个单字，就觉得大概可以圆满完成任务了。因为无论什么祭祀，无非是叩头——

起来、起来——叩头而已。在祭祀时，内务府的官员把我领到一个个香案前，我也不知道到底供的是哪一位列祖列宗，反正都照例上香叩头就是了。叩完头，我跪在当中，又由内务府官员献牲、酒、玉帛等物，然后又引我到殿外，跪在丹墀上，由一人开始用满文读'祝版'。这时我只能听清什么'太祖高皇帝''圣祖仁皇帝'这样一些尊号（因为这些是用汉语读的），其他就什么也听不清了。好不容易盼到'德宗景皇帝'，这才算读完了。那一次，正是三伏天气，头上有太阳晒着，下边又跪在地上，等他读完以后，我已经头晕目眩、汗流如雨、两腿麻木了。后来我才懂得，要是预先对那个读'祝版'的说些好话，或是送他点礼物，他就会很快地读完了。"从这里也可以想见，那时清廷的腐败已达到何种地步了。

从这段对中国历史上皇家祭祖的最后记述，我们看到，失去了统治的皇室祭祖是勉强支撑的，如同儿戏一般，是封建社会余孽苟延残喘时最后的回光返照。这使我们深刻地感到：中国绵延数千年的、以宗法制为核心的、辉煌的皇家祭祖礼仪，伴随着封建制度的消亡，已经走到了尽头。

太庙建筑

太庙的古代建筑，从建筑的特殊性来讲，确实有非凡之处。太庙是祭祀祖先的崇高场所，从中国对祖先崇拜的文化上来讲，其建筑一定是最好的，不然会亵渎祖先。在这种理念下，从面上看，太庙的建筑和故宫没有什么不同，但在细节上却充满特点和意趣。中国古代建筑是"石基、木构、瓦顶"，在这几个方面，太庙的建筑堪称精绝。太庙的建造，是在中国古代宫廷建筑水平登峰造极之时的精品。其建筑的用材、工艺水平、建筑质量都是上乘之作。太庙石雕、琉璃瓦精美异常，太庙的楠木大构绝无仅有。太庙的祭祀文物已经转存故宫，游览太庙时产生的巨大视觉冲击来自于太庙的建筑。细心的游客可慢慢体会，方知精妙所在。

太庙崇高的庑殿顶

中国古代建筑的屋顶样式很多，分为严格的等级。几条屋脊、几个神兽，都有讲究。其中重檐庑殿顶是最高顶级，太庙三重大殿和戟门都是庑殿顶，而享殿是最高等级重檐庑殿顶。故宫三大殿中，太和殿是重檐庑殿顶，中和殿是四角攒尖顶，保和殿是歇山顶。太庙三大殿都是庑殿顶，这在中国古代建筑中是唯一的，可见其地位的崇高。

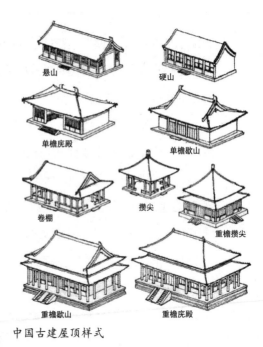

中国古建屋顶样式

俗话说"五脊六兽"已经非同凡响了。

先说"五脊"。在古代，屋脊的数量是一种等级体现，是一种规矩。古代建筑屋顶的形式分为庑殿顶、歇山顶、攒尖顶、悬山顶、硬山顶、卷棚顶等多种形式。其中庑殿顶是一条横的正脊，

4条垂脊，共5条脊，这种五条脊的屋顶等级是最高的，只有皇帝才可以使用。其他的类推，从住房的级别规制显示出主人社会地位的尊卑和权势的大小。

再说"六兽"。六兽指的是"脊兽"，就是在宫殿屋顶垂脊的前端，挨个排队的形状各异的一列琉璃雕饰件。位置在仙人之后、垂兽之前，最多的一共有10个，象征着皇帝是真龙天子，具有至高无上的权威，就连这些仙兽也纷纷来向皇帝朝拜称臣，给皇帝当护卫，所以，这10个脊兽根据使用者和房屋功能的等级，依次从后边减少。

在清朝，脊兽的使用形成了严格的制度，脊兽的等级、大小、奇偶、数目、次序等都有严格规定。故宫太和殿是举行重大典礼的地方，太和殿是庑殿顶，每条垂脊上排列10个琉璃坐姿小兽，九五之尊，九还要加一，成双数，按清制是等级最高的。太庙的享殿仅次之，一条脊上9个，因供奉的是先皇，虽比太和殿少一个，仍比其他任何建筑脊兽数量都多。乾清宫是皇帝理政和居住的地方，地位仅次于太和殿，檐角兽为9个。坤宁宫在明代是皇后的寝宫，在清代作为祭神和举行婚礼之用，檐角兽为7个。东、西六宫是后妃居住的地方，檐角兽为5个。

太庙享殿垂兽

可以看出，脊兽至少有三个意义：

第一是显示等级，不能

超越规矩，如果越制，就是杀头之罪。

第二是建筑装饰，脊兽的实用性能是固定屋顶瓦的，但同时脊兽形态各异，使本来光秃的屋脊顿生变化之美。

第三是吉祥寓意，一般讲，"兽"是"寿"的谐音，寓意江山永固，千秋万代相传。

老百姓在封建社会等级制度的重压下，是不能享受如同皇帝一样的宫殿的，但是他们可以在语言幽默的调侃中，过一把"五脊六兽"的瘾。

太庙建筑精绝的明代琉璃装饰

屋顶和屋脊构件

太庙是明代宫廷建筑的典型代表，是中国古代建筑的巅峰之作。为了更好地熟悉、理解以致热爱这些古人留下的瑰宝，现对古建的结构和名称简要介绍如下。

正脊：屋顶前后两个斜坡相交而成的屋脊，叫作正脊，也叫大脊。

垂脊：庑殿屋顶正面与侧面相交处的屋脊。歇山、悬山和硬山前后两坡至正吻沿博风下垂的屋脊都叫垂脊。它分为兽前兽后两大段，以安在正心桁的中心线上（或正、侧正心桁相交点上）的垂兽为界，垂兽以前的一段叫兽前，垂兽之后的一段叫兽后。还有一种称呼，垂兽之后叫垂脊，垂兽之前的一段叫角脊。

兽前：垂脊的垂兽以前的部分，叫兽前。

兽后：垂脊的垂兽后面的部分，叫兽后。

戗脊：歇山是悬山和庑殿结合而成的，因此它有9条脊，除正脊外，上半是4条垂脊，下半自博风板到套兽件，就叫戗脊，与垂脊在平面上呈45度角。

博脊：歇山的山花板与下面山面屋面接缝处，按前后方向平置的屋脊，叫作博脊。

角脊：垂脊的垂兽之前的三分之一部分，叫兽前，也叫角脊、岔脊。此外，庑殿或歇山垂檐的四角，亦称角脊；脊饰同上檐。

筒瓦：一种横断面为半圆形的瓦，一般为大式瓦作所用。房顶盖瓦时，将板瓦凹面向上，顺着屋顶的坡面叠放。上一块压着下一块的十分之七，摆一条沟；沟与沟并列，中间有一道缝；小式瓦作覆以同样的板瓦，大式则用筒瓦覆盖。古时筒瓦只能用于宫殿寺庙及其他上等官房，除朝廷特准者外，一般民宅不得用筒瓦。筒瓦最早见于战国燕下都遗址，除瓦当有花纹外，筒瓦背上饰以精致的蝉纹。

瓦当：覆盖在垄风上的筒瓦，最下一块有半圆形或圆形的头，叫作瓦当。瓦当最早见于西周晚期，战国时燕下都遗址，作半圆形，上面花纹甚多，有动、植物之类。秦汉瓦当多作圆形，纹样更为丰富，或写"延年益寿""万寿无疆""长乐未央""长生无极"等文字纹，或作龙、鹿、鱼、兽等动物纹，或刻植物纹、如意纹等等。南北朝瓦当主要花纹有两大类：一是文字，如"传祚无穷""万岁富贵"之类，在瓦当内做成九格，格内写字；一是莲花纹，这与当时佛教盛行密切相关。唐代瓦当以莲花纹最常见，较南北朝更为华丽。宋、辽时，龙凤、花草、莲瓣、兽头为瓦当的常用纹饰，文字瓦当则少见。明、清瓦当的花纹，更比历代丰富。

滴水：瓦沟最下面一块特制的瓦，叫滴水，大式瓦作的滴水向下曲成如意形，雨水顺着如意尖头滴到地下；小式的滴水则用略有卷边的花边瓦。最早的滴水见于唐代的绘画与石刻上，辽、宋滴水多用重唇板瓦。宋代《营造法式》上有用垂尖华头板瓦的规定，至明、清演变为如意形滴水，滴水纹样亦甚丰富。

脊筒子：屋脊最上层之筒状瓦件。自隋唐至宋，各种屋脊都用瓦条垒砌，元代开始出现脊筒子，但仍刻出瓦条相垒的式样，明、清以后，普遍用脊筒子，有些脊筒子雕花镂空，十分华丽。

琉璃瓦：即敷有琉璃的瓦。它以黄色最为尊贵，绿色次之，也有用蓝、黑或其他颜色的，只能用于宫殿庙宇。战国时已发现琉璃的使用，有琉璃珠等物，但尚未见琉璃瓦。琉璃瓦最早见于汉明器上，色泽富丽鲜艳。至南北朝时，琉璃瓦已正式用于宫殿庙宇上。唐代，已常用琉璃瓦，并有实物可证；但只用于檐脊，叫作剪边琉璃，仍不见用于整个殿顶。到了宋代，才在绘画中出现殿顶铺满琉璃。琉璃瓦件的大量生产开始于明代，现存的古代建筑上的琉璃件主要是明、清遗物。明、清规定：黄色琉璃为帝王所用，王公只能用绿色，而且除了庙宇之外，百姓的建筑物不得使用琉璃。

线道瓦：压于当沟之上的琉璃瓦件，又叫连砖，包括押带条、群色条和连砖。

通脊：正脊的主要构件，它放在线道瓦上，构成正脊的主体，上面再覆盖一垄筒瓦，正脊即告完成。

承缝连砖：位于歇山博脊处，是山面当沟及押带条之上的特制瓦质件。

博脊瓦：覆盖在承缝连砖上面的特制琉璃瓦件，又叫蹬脚瓦。

飞檐和走兽造型

太庙古建上的兽件是中国古建独有的装饰造型。

正吻：太庙古建屋顶正脊两端的装饰件，龙头形、龙口大开，咬住正脊；系釉陶或琉璃制品。正吻又叫大吻。我国古建的脊饰，最早见于汉代石阙、石祠及明器上，多为用瓦当头堆砌翘起的形状；最重要的建筑则流行以凤凰（朱雀、孔雀）为正脊的脊饰。至南北朝以后，被鸱尾所取代。宋元时期又出现鸱吻，同时又出现龙吻。明以后多用龙吻，改叫大吻。大吻尾向后卷，吻身上部有小龙，鳞飞爪舞，颇为生动、富丽。清代大吻与明代相似，但逐渐程式化，特别是清中叶以后，大吻及小龙均无生气。正吻古称"鸱尾"，它的起源据古建学家刘致平考证是晋以后出现的。南北朝时，鸱尾图形在云冈和龙门石刻中甚多；文献亦有"鸱尾迎风拂云"等多种记载。唐以来，常有变化，并有实例可考，至明、清，则发展为龙形的正吻。

龙尾：龙尾一词见于宋代《营造法式》，最早的饰物见于金代。其外形似鸱尾，身内完全为一条盘曲上弯的龙所占据，实则应称龙吻。元代以后多用此制，通称正吻、大吻或吻兽。元代龙尾尾部已逐渐向外卷曲，明、清则完全卷曲向外。明代雕制较细，背上剑把已改为象征性的卷瓣向前斜，两目正视前方。清代剑把卷瓣多直立正卷，二目侧视。

背兽：正吻背后的兽形雕饰件，起于明代，初时为小龙形。

垂兽：安于正心桁中心线或正、侧中心桁相交点上的瓦制雕饰，作兽头形，位于垂脊的前端，紧接走兽之后。硬山、悬山垂脊上的垂兽，其位置则在檐桁之上，因常雕成有角之兽，故又称角兽。

戗兽：戗脊和垂脊一样，也分前后两段，前段角脊安仙人、走兽；走兽之后的一个较大的瓦制兽件，便是戗兽，其地位类似垂兽。

套兽：位于仙人脚下，套在仔角梁套兽榫上的瓦质雕饰件，叫套兽。套兽不仅能起装饰作用，而且可以避免子角梁头被雨水侵蚀。

仙人：垂脊或戗脊至屋角最前端的瓦质雕饰件，做成仙人形象，故叫仙人。仙人之后便是走兽。

走兽：垂脊前部即角脊上的一列瓦质雕饰件，它们单行纵列做成各种兽形，叫走兽。于仙人之后、垂兽之前。其次序为龙、凤、

狮子、天马、海马、鱼、獬、
猴，使用多少视坡身的大小和
柱子的高矮而定，但必须是三、
五、七、九等单数，最少的只
有一个。最后一个走兽的后面

太庙脊兽

再搁一块筒瓦，筒瓦之后便是垂兽。故宫太和殿的角脊上排列 10
个琉璃坐姿小兽，成双数，按清制是等级最高的。其顺序是龙、凤、
狮子、天马、海马、狻猊、押鱼、獬豸、斗牛、行什，多是具有
象征意义的传说中的异兽。龙是天子的象征，同时具有携水镇火
之意；凤凰为神鸟；狮子是佛教中的护法王，象征勇猛威严；天
马、海马象征皇家威德通天入海；斗牛、押鱼可以兴云作雨，镇
火防灾；狻猊则为能食虎豹的异兽，象征百兽率从；獬豸善辨是
非，说明皇家的所谓"正大光明"；行什似猴，为压尾兽，因排
行第十，故名行什。它们都和脊瓦烧结在一起，以防漏雨。在角
脊上饰以兽件，可从汉代明器上看出一些迹象，唐代敦煌壁画上
亦有所反映。自汉至唐，多以筒瓦数枚堆叠为饰。宋则规定用嫔
伽一个，蹲兽一至八个，但式样与次序均无定则。至清代，对等级、
大小、奇偶、数目、次序等都有严格规定；但地方建筑仍按本地
习惯，多不从官制。

合角吻：重檐建筑的下檐正侧面博脊处，安一吻兽，以绕过
角金柱，这个吻兽即叫合角吻。

吻座：正吻的承托件。

剑把：正吻背上的扇形雕饰件。

太庙琉璃构件的特点

太庙是中国也是世界现存最大的祭祖建筑群，是紫禁城外朝的重要组成部分，太庙宫殿建筑屋顶使用的都是琉璃瓦，体现出其在皇城的极为重要的地位。

琉璃瓦作为一种防水、光泽、耐用、美观的屋顶材料，是中国古代皇家建筑达到至善至美典范的重要因素之一。中国古代建筑是以石基、木架、砖墙、彩画、瓦顶为基本材料，形成了特有的设计理念和施工工艺。

太庙的琉璃构件有以下几个特点。

保留较多的高质量的明代琉璃瓦。明永乐年间始建的皇城和紫禁城，历经明、清两代多次修缮，初建时使用的琉璃瓦大部分被更换。而太庙相对修缮的次数较少，所以保留的明代的琉璃瓦较多。特别是太庙的戟门，据专家研究，是明代宫廷建筑中唯一没有改动的建筑，现在仍是明永乐十八年（1420）建成时的模样，整个建筑完好，经历590多年风雨曝晒，屋顶的琉璃瓦依然金光闪闪，这不能不说是世界建筑史上的奇迹。

琉璃瓦基本上都是皇家专属的黄色琉璃瓦。我们的祖先认为黄色是黄土的颜色，象征着中心和大地，经过长期演变固定为帝王的专属颜色。紫禁城的屋顶采用黄琉璃瓦，表现至高无上的皇权和统治的中心地位，反映了对赖以生存的土地的景仰崇尚之情；颜色的选择和区分也是原始朴素的自然审美观念的体现。太庙因供奉的是先皇，因此，殿堂全部使用黄琉璃瓦。

工艺和艺术价值极高。太庙琉璃的使用十分精巧，遇到复杂的结构，如屋顶和墙壁交接之处，各种形状不同的琉璃构件不仅巧妙地完成了连接，而且形成美丽多姿的曲线。如太庙宰牲亭外有一座很小的进鲜殿，其屋顶、短墙、门楼和宰牲亭屋顶、宰牲亭门楼相互交接，形状极为复杂，但琉璃构件的使用完全按规矩，一点也不省略。太庙享殿右前方的燎炉是明代的作品，全部构件都用素坯琉璃制成，这两者工艺精湛、玲珑美观，堪称琉璃建筑的样板。

实用功能和装饰功能完美结合。在实用方面：琉璃构件完美地实现了陶质的琉璃瓦和宫殿木质构架的有机结合，完美地实现了琉璃构件之间的巧妙连接。在装饰方面：琉璃兽件是高超的雕塑艺术，琉璃瓦件也是经过艺术化的设计，具有强烈的装饰效果。如：太庙的正吻是保护承重木构件雷公柱的，它口衔接正脊，稳重威猛，体现出帝王的权威，有雄壮之美；脊兽是固定屋顶瓦的，脊兽形态各异，使本来光秃秃的屋脊顿生变化之美；瓦当本是筒瓦的挡头，但在盈掌之间雕成飞龙，形成了强烈的艺术美。

体现了中国的传统文化。太庙建筑的享殿、寝殿和祧庙屋顶都是庑殿顶，享殿是重檐庑殿顶，寝殿和祧庙是单檐庑殿顶，东、西配殿是歇山顶，宰牲亭是悬山顶。多种形式的屋顶是琉璃瓦应用最多的地方。这些美观实用、富于变化的屋顶，正是天人合一的观念的最好诠释。中国古代的天是指自然环境，人的一切创造，包括建造房屋，必须与自然的环境和谐统一，这是中国古代风水学的核心。太庙的建筑通过斗拱、梁架与琉璃瓦巧妙结合，形成了多变的屋顶造型和美丽的飞檐，加之琉璃的光亮和色彩，形成了亮丽的风景，融合于千株翠柏之中。太庙的建造是中国琉璃技术和艺术运用的巅峰时期，是集中国古代建筑之大成的结晶，其琉璃的运用淋漓尽致，把中国的传统文化凝练于一炉，才造就了这绚丽夺目的瑰宝，所以才令人赞叹不已。

体现了传统的宗教理念。太庙琉璃之中的龙的造型，体现着中国的图腾崇拜，皇帝是"真龙天子"，在建筑中大量使用龙的造型以显示"君权神授"的尊严和权威。琉璃的正吻，高踞于屋顶的最高处。在宫殿建造过程中，上正吻要举行隆重的宗教仪式。正吻制成，皇帝要派品位极高的大臣前往窑场迎接；上吻前，皇帝要亲自祭吻，经过簪花、披红、焚香、跪拜等一系列程序。

琉璃瓦脊兽具体的象征意义，体现了封建社会的等级制度。如脊兽的等级、大小、奇偶、数目、次序等都有严格的规定。故宫太和殿的角脊上排列 10 个琉璃坐姿小兽，成双数，按清制是等级最高的。而太庙檐角兽是 9 个，仅次于太和殿，高于其他的任何皇家建筑。

建筑是代表一个民族、一个国家历史文化的最权威的载体，全世界都把琉璃建筑当作中国的标志，所以来到北京看完天安门和故宫，一定要顺便来看看太庙的琉璃，不然会留下遗憾。

太庙的防水和排水

太庙是典型的中国古典木结构建筑，一怕火，二怕水。为了防火，运用阴阳五行相生相克的原理，用水克火，即请来管水的龙，用来镇火。但这只是愿望，实际上不论是屋脊的琉璃质的大吻，还是望柱、丹陛上的飞龙，还是须弥座四周的螭首，都不能对消防起到真正的作用，倒是须弥座四周的螭首具有排水的功能。

先说防水。宫殿的木结构怕潮湿，潮湿了容易腐朽，防水的办法如下：

第一，屋顶设计成人字形，存不住水，采用光滑的琉璃瓦，雨水落上迅速流走。在屋顶琉璃瓦的下面，还铺有一层"锡被"，就是用金属锡做成薄薄的一整片如同被子的覆盖物，严严实实地把整个屋顶盖住，连一滴水也不会漏；"锡被"不仅防水，同时还有使殿堂内冬暖夏凉的功效，这是最高级别的皇家建筑所独有的设置。

第二，斗拱形成飞檐，使流水向远处冲，不能冲溅木制构架。

第三，采用优质木材，结实耐用，防腐性好。太庙使用的是材质极好的金丝楠木，稳定性极好，虽然外表不施油漆，年久不但不朽，反而形成古玩业所说的"包浆"，油光瓦亮，是极为特殊的保护层。

第四，采用石质基座，使木结构高于潮湿的地面3米多，每根柱子下面还使用石质的柱础，保证柱子的底部也不会受潮。

第五，为了防止掩盖在墙壁中的柱子因砖墙吸潮而受到殃及，在墙壁上特别安放了能够透气的"跑风"的砖雕构件，呈长方形，中间花卉图案透雕。不仅有防潮的功能，而且有美观的装饰性。

再说排水。宫殿的木结构怕潮湿，防潮固然重要，但排水更为关键。排水的办法如下：

第一，须弥座排水。太庙屋顶的水迅速地流到须弥座上，这大量的水首先可通过石阶和丹陛往下排放，其他的水则通过四周龙嘴的排水孔和两个龙头之间的栏板上的排水孔往外排水。值得指出的有两点：一是四角大龙头没有孔，不能排水。二是小龙头和栏板的排水孔，形成水流，三层须弥座，三层龙头。如遇大雨或暴雨，就会看到天上大雨如泼、飞檐流水如瀑、栏下喷流如泉，蔚为壮观，真是不可多见的奇景。

第二，整个院落地势中间高、四面低、北面高、南面低，雨水向南直流或流向两旁。

第三，两旁的东、西配殿前有排水沟，排水沟由青石凿成，宽45厘米，水槽宽19厘米，倒角上口宽24厘米，槽深6厘米，整个构件随石料长度不定，排水沟遇到配殿的台阶，就在石料上开凿宽26厘米、高15厘米的半圆洞，和排水沟吻合。你可别小看这浅浅的沟槽，它排水的功能非常好。

第四，戟门北边有大泄水沟，雨水顺排水沟向南流，直接流入泄水沟。泄水沟西窄东宽，西浅东深，东边宽达40厘米，深

太庙龙头石雕

达 80 厘米，形成水往低处流的走势。雨水通过泄水沟向东流入暗河，再流入假山小湖，然后再通过暗河流入菖蒲河。

第五，戟门前有玉带河，戟门前面的雨水通过河岸栏杆下的排水口流入玉带河，然后也通过暗沟流入假山小湖，再通过暗沟流入菖蒲河。这两部分雨水最后经菖蒲河，然后经过崇文门的暗河流入护城河。

这样，不论遇到多大的雨，太庙都不会遭受洪涝之灾。笔者亲身经历了 2004 年 7 月 10 日下午 3 点多的大雨，据媒体报道，这是北京 40 年不遇的大雨。据北京气象局统计报告，太庙所在的天安门地区两个多小时的降雨量就达 80 多毫米，但积水很快就排走了，宫室房屋安全无损。

我们在佩服古人智慧的同时，还会体验到雨中太庙的壮观、朦胧、优美。天空中，万条蛟龙戏水，大雨滂沱；往上看，太庙琉璃飞檐如同瀑布；往下看，须弥座数百条龙吐水，场面十分壮观。

太庙的防水和排水是一个完善的系统，是在动工建造之前就巧妙地设计好的，是非常科学的。这体现了古代建筑大师的科学的建筑理念和高超的技艺。建筑房屋，不仅要考虑房屋本身提供给人的使用功能，还要考虑建筑和天的关系，天、地、人和谐统一的关系，依然是"天人合一"哲学思想的体现。这是太庙历经数百年风雨依然安然无恙的重要原因。

在太庙建成的几百年间，遇到的大雨、暴雨不知有多少，但是它岿然屹立，没有受到伤害，只是风雨让它显得陈旧，使它更加像一个饱经风霜、历经沧桑的值得人们尊敬的长者。面对它，我们不禁肃然起敬，发自内心地更想去保护它。

另外，关于龙头排水孔的加工，做如下补充说明：龙头的排水孔，直径 1.5~2.0 厘米，长达 132 厘米（栏板里 46 厘米，栏板宽 32 厘米，伸向外面的龙头 54 厘米），由于龙头构件的后端和须弥座的地面相平，龙头的进水孔是在栏杆石板的下边，龙头上的排水孔必须和进水孔连接，所以，必须在栏板下方的中间位置开始斜着龙嘴的方向钻孔。这段距离有 65 厘米左右，这么细小又这么深长的孔，要在坚硬的汉白玉上斜着钻出来，不仅在古代机械设备技术条件和钻孔工具水平有限的情况下，加工难度很大。即使是在今天，也属于不易加工的深孔。在现有的资料中，没有关于加工这个小孔方法的记载。根据笔者的观察，龙头的排水孔外小里大，因此笔者推测：在龙头雕刻出简单的雏形以后，就从龙头石料距离龙嘴65厘米左右的地方开出一个方槽，出现一个和孔的轴线垂直的平面，然后从这个平面开始钻孔，钻头轴心线的角度一定要十分准确，不然就不能和龙嘴中间的孔相吻合。钻孔当然是用简单的手工机械，选择在这时钻孔，而不是在龙头全部加工完毕以后再钻孔，是为了防止在钻孔时不慎造成石料断裂，前功尽弃。为了降低钻孔的难度，在后部钻孔的时候是先用较大的钻头钻，然后逐步更换小一点的钻头，这样利于散热，也利于石屑的排出。钻到前端，即龙嘴处，就不钻了，留下约1~4厘米，等到龙头全部雕刻完了，只差龙的牙齿。这时掉过头，从龙嘴正中按设计要求的直径钻孔，把孔钻透，并修整孔外缘的毛刺。这样，可以防止孔从后面钻出造成牙齿部分的石料崩裂，保证龙嘴的孔不被打歪，也保证了龙嘴的孔的圆度。在龙嘴的孔完全钻好以后，再把龙的牙齿雕刻完成，这是加工龙头的最后一道工序。

太庙事件

在古代，能够进入太庙的人寥寥无几，仅限于皇帝、大臣、礼仪人员、服务人员、修缮工匠等。太庙的礼仪、事项繁复而神秘，许多不为俗世所知。当年孔子有机会进入鲁国先祖的太庙，赶紧抓住机会学习礼仪而"每事问"。所以，太庙的神秘性，使发生在这里的事件鲜为人知，但却众多而重大。笔者通过各种史料进行挖掘和细致的考证，辑录了几个重要的太庙事件，但这只是冰山一角。有的涉及太庙的规制，有的涉及太庙的劫难。沉重的历史让太庙显得更加深沉。

左祖右社为哪般

在儒家经典《周礼》的《小宗伯》和《考工记》中两次提到"左宗庙右社稷",是营建国都的规制。《考工记》的表述:"匠人营国,方九里,旁三门,国中九经九纬,经涂九轨,左祖右社,前朝后市。"有人说太庙在皇宫的左面是因为古人"以左为上"的观念

太庙全景

所致，看来也有一定的道理。但是，古人有时候却"以右为上"，是经常变化的。再说这种规矩是一种对待宾客的礼节，而太庙供奉的是自家的祖宗。

"左祖右社"的真正原因来源于中国古老的哲学思想——阴阳五行说。宗庙的作用是歌颂祖宗繁衍养育子孙的崇高德行，在"木"的方位，所以太庙设置于皇宫的东边。同样的道理，社稷的作用是安邦定国，涵养君臣子民，在"金"的方位，所以社稷坛设置在皇宫以西。

李自成没烧太庙

崇祯十七年（1644）农历三月十五日，李自成率领的农民起义军攻入居庸关，十六日攻克昌平，十七日围攻京城，十八日攻克外城，十九日攻入内城，明朝的崇祯皇帝思宗朱由检在景山上吊自杀。当天李自成进入承天门（天安门），穿过午门，登皇极殿（太和殿），随后在武英殿处理政事。四月，李自成率军征讨吴三桂兵败，退回北京，二十九日在武英殿即皇帝位，三十日焚宫室，退出北京。以上是李自成从攻入京城、紫禁城，到称帝，再到败于吴三桂请来的清军，最后退出北京的简要过程。其中一个重要的情节是"三十日焚宫室"。李自成的起义军逃走时焚烧了紫禁城，有关的史料对此有着详细的记载。但是，和紫禁城紧邻的太庙是否也在这一天被烧毁，现有史料上没有任何确切的记载，后世有传闻说李自成起义军在太庙也放了一把火，太庙被焚毁。据 1950 年《新民晚报》的一篇文章说："只剩下前殿中间的三间，清兵至北京后，又把太庙重新修起。"

李自成画像

那么，太庙是否真的被败走的李自成起义军烧毁了呢？笔者认为并非如此。这种说法一方面是道听途说，一方面可能是对"三十日焚宫室"这一历史事实的望文生义，穿凿附会。

首先，史书上明确的记载是"焚宫室"，范围所指限于"宫室"，并未提及太庙。就太庙的重要地位来看，如果太庙真的被焚毁，史书绝不会遗漏而不予记载。

其次，同年五月初二，清睿亲王多尔衮率军抵北京，进朝阳门，临武英殿处理政事。六月十四日，多尔衮及诸王、贝勒、大臣会议决定建都北京。九月十四日，建堂子于御河桥东，路南。十八日顺治皇帝由盛京（沈阳）来京，二十七日，供奉太祖、太宗神主于太庙。从四月三十日李自成"焚宫室"到九月二十七日顺治皇帝福临"供奉太祖、太宗神主于太庙"还不到五个月，如果太庙被焚毁了，岂能供奉神主？如果是重建的话，绝对不可能这样快。再说，史书记载了九月十四日建堂子，如果要建，太庙比堂子要重要得多，史书上无论如何也会记录的。

所以，可以得出两个结论：一个是太庙根本就没被李自成的起义军焚毁。一个是即使李自成的军队放了一把火，对太庙的损害也十分轻微，或者是起义军逃走以后，火很快被扑灭了，这正好和民间传说中疯子救太庙的故事相吻合。笔者认为后者更为可信，太庙是明朝的家庙，是明朝正统统治的象征，肯定是起义军焚烧的对象。早在崇祯八年（1635），起义军就烧毁了凤阳皇陵，在进北京攻克昌平以后，又焚烧了明陵。所以，对腐朽的明朝怀有深仇大恨的起义军，在迫不得已逃离北京的时候，先放火烧紫禁城的宫室，如果时间允许，一定会放火烧太庙，但这把火没有着起来，没有给太庙造成很大的损失。所以，清朝轻易地占据了明朝先帝享受香火的地方，顺治皇帝在从东北到达北京后仅仅9天，就毫无愧色地把努尔哈赤、皇太极的牌位摆进了太庙。

还有一条旁证。清朝统治者进入北京，事物繁多，百废待兴，出于统治的需要，肯定要重建或修复焚毁的宫殿。顺治二年（1645）五月，也就是顺治进京8个月后，史书记载"重建太和殿、中和殿、位育宫、乾清宫成"。请注意：这里是"重建"。可是，一直到顺治五年（1648）六月三十日，才"重修太庙成"。请注意：这里是"修"，而不是"建"。而且是在使用了明朝的太庙近四年，才对太庙逐步"重修"。这也完全可以说明：顺治元年（1644），太庙没有被大火焚烧，而是"基本完好"，所以清朝才能实施"拿来主义"。

乾隆并未扩建太庙大殿

太庙享殿现在的房间大小，按照古代的说法是面阔 11 间，是清代由明代的面阔 9 间扩建而成的。但是，是否真的扩建了？为什么要扩建？史书上并无记载。

民间传说的解释是：乾隆时，太庙的 9 间已经被先祖占满了，乾隆怕自己死后没有地方放自己的牌位，所以下令将太庙享殿扩建为 11 间，这个传说显然有明显的错误。清朝的太庙供奉的皇祖是从努尔哈赤开始的，经皇太极、顺治、康熙至雍正共五代，按照间数的说法，尚不满九代。如果非要凑九代，要加上没有当过皇帝的肇祖、兴祖、显祖和景祖等远祖。但是，皇祖的牌位平日供奉在寝殿；先祖的牌位平日供奉在祧庙，这两个殿都是面阔 9 间，尚未满额。享殿平日不供奉祖先的牌位，只是在祭祖大典的时候才从寝殿及祧庙把牌位请到享殿，按照"昭穆制度"排列在正面和左右两边的供桌上进行祭祀，牌位的数量多了可以进行调整，保证可以摆放得下。事实上，乾隆以后还有嘉庆、道光、咸丰、同治、光绪、宣统 6 个皇帝，溥仪因清朝被辛亥革命推翻而宣布退位，死后牌位无缘进入太庙外，其余 5 个皇帝的牌位均进入太庙供奉。如按照"乾隆没地儿放牌位"的传说，即使是 11 间也放不开，再加上 4 位远祖，需要 15 间才放得开。要是按此

清代太庙享殿内景

推理，清朝要是再多传几代，就更放不下了。所以，不存在乾隆
的牌位无处摆放的问题。

不仅民间传说，乾隆扩建太庙的说法一直有着一定的影响，
甚至现代的一些明清史或建筑史专家也认同这一观点。笔者经过
对太庙 3 个大殿须弥座的反复观察，得出结论：乾隆并没有对太
庙享殿进行扩建，他对太庙的重建仅限于基座以上的部分，重建
的工程内容是挑顶子换瓦，油饰木构门窗。其理由要从祧庙开始
说起。祧庙左右两侧靠后处，有奇怪的方石块插入须弥座中，宽
0.96 米，高 1.95 米。东边的由 4 块石料拼成，其中上方的右边
的一块（宽 0.24 米）和旁边的须弥座（宽 0.4 米）是为一体，高
为 1.3 米，形状如须弥座的角柱，但方的部分外凸，似利用原来
不合格的石料凑合用在此处，此处上面的汉白玉石栏也明显加宽

了一部分，而且缺少一根相同的望柱，用一根扁方的石柱来代替，与整体极不协调。推测可能是多加一根望柱，就会打破原有的一龙一凤交替的排列顺序。而像这样加上一根不伦不类的石柱、这么凑合的现象出现在皇上的祖庙的宫殿建筑上，让人费解。按理，应在这短短的距离中加上一龙一凤两根望柱，解决龙凤排列顺序的问题。那样虽然显得太紧凑，但符合规矩。但不知为何会处理成这样简陋的样子，可能是工期紧迫，根本没有时间加工扩展所用的符合规矩的须弥座和望柱。但其原因是什么呢？或者另有其他符合逻辑的解释，难道是故意设计成这样的？这真是一个待解之谜。

笔者大胆推测：李自成起义军败走的时候曾放火烧太庙，但没有造成重大的损失，仅仅烧坏了祧庙的后身，待清朝顺治皇帝由东北进京，需要利用明朝的太庙供奉自己的祖先，所以匆忙下令抢修祧庙。由于战乱，一时无法找到专门修建皇家宫殿的技师和工匠，更无法加工新的石材，所以找到明朝修太庙遗留的旧石料凑合救急用上，所以留下了如此缺憾。当然，这种推测是否符合历史的真实情况，尚有待专家考证。但是，祧庙这个明显的扩建遗迹，却可以拿来反证太庙大殿扩建的问题，祧庙的扩建痕迹表现在外形上，所以有心人一望可知。按照常理，扩建应尽量不露痕迹，但绝对会留下蛛丝马迹。

享殿向两边延展，木结构和墙壁可以通过涂饰使新旧达到统一，再经过漫长的岁月，可能会难以辨认。但是，根据古建专家的关于明代官式建筑木结构特征的理论，享殿外圈的墙柱，特别是四角的柱子，有两个明显的特征：一是下粗上细，整体呈锥形；二是柱子的上端向内倾斜，使整个木构十分稳定，这两个特点正是明代官式建筑的一个重要的特征。这表明享殿主体的木构没有被改变。

石质基座部分，由于其材料的特质，新旧应有明显区别，500多年的石料和200多年的石料的差别是应该很明显的。除非乾隆将基座全部更换，但那可就不是扩建而是重建了。如此重大的工程要持续很长的时间，史书是一定要记载的。经过反复多次观察，享殿的须弥座左右两边和中间没有明显的区别，而且浮雕花纹也和与其明代同时建造的寝殿、戟门完全相同。同时，不同时期更换的石料出现明显的差异也有直接的例证。在享殿四周的石雕龙头，其风化程度呈现阶梯状态。如果享殿须弥座两边的石料明显新于中间的石料，应是扩建的证明。反之，两边的石料和中间的没有区别，则证明它是明代始建的原状。

那么，既然享殿没有扩建，为什么会出现9间改11间的说法呢？笔者认为是统计方法的不同造成的误解。明朝说面阔9间，是忽略了两旁的两个小间，清朝说面阔11间，是以柱子为准，加一根柱子就加一间，不管间量大小。所以，太庙享殿建成后，基座一直没变，木构也一直未变，乾隆只是修了上面的屋顶。

所以，关于太庙享殿在乾隆时扩建的传说，我们根据已有的研究和分析，可做出否定的判断。关于祧庙是什么时候草率地向后延伸的，倒是应该深究、搞清的问题。

太庙掌故

  太庙凝聚着很多中华传统文化和艺术的细节，成为人们了解太庙的兴趣点。也是导游最为关注的东西。比如"太庙比太和殿高三尺""五色琉璃门和风水""太庙和寺庙、道观、神坛的区别"等等。的确，小细节包含大文化。太庙的建筑布局，太庙与紫禁城的关系，太庙和其他宗教建筑的关系，太庙的红墙黄瓦，太庙的风水……通过研究和考证，传闻和附会便能得到正确的解释，像这样的例子是很多的。笔者也会在今后的研究中不断地整理编写出来，奉献给读者。

太庙五色琉璃门

　　在太庙第二道红墙南面的正中，在墙上建有高大的琉璃门，一共有 5 个。这种门在古建中叫作"随墙门"，和有四梁八柱、有进深、有琉璃瓦屋顶的正式的大门（如太庙的戟门）相区别。琉璃门实际上是太庙的正门，虽然随墙一起修，但门上的琉璃瓦屋顶的装饰却一点也不含糊，完全是仿照正式的大门来设计的。屋檐、斗拱、垂花和屋顶角上的仙人走兽样样齐全，都是用琉璃

前琉璃门

瓦构件制成的。说到琉璃瓦,整个太庙,唯独琉璃门上有绿琉璃瓦,这就和它为什么叫"五色琉璃门"有点关系了。

太庙建筑和皇宫一样,以黄、红二色为主调,这是因为在古代人们心目中,黄色是最高贵的。阴阳五行学说中的金、木、水、火、土代表东、西、南、北、中5个方位,而土居中央,最高贵,是万物之本,可以控制四方,红墙黄瓦是皇帝至尊至大的标志,太庙供奉的都是故去的皇帝,所以太庙建筑中各式各样的屋顶,都是用黄色琉璃瓦来象征皇权至高无上。除了皇宫、太庙和陵寝以外,一律不得使用黄色的琉璃瓦。太庙的门窗、高高的围墙,都是用红色,这也来源于阴阳五行学说,因为红色属火,被看作是吉祥、胜利、成功的象征。但是为什么琉璃门会使用绿色的琉璃瓦呢?绿色即是五行中的青色,象征春天草木萌芽的颜色,方位在东,所以采用了绿色的琉璃瓦,其目的是对在世和已经去世的皇帝加以区别。祭祀(太庙、陵寝)用绿色,这在封建社会已经形成了皇家建筑的规范,是不能破例的。

由于琉璃制品用于皇家建筑,所以什么颜色用在什么地方就有严格的规定。太庙的琉璃瓦都是明代和清代的上品。太庙琉璃门的琉璃瓦和构件都是乾隆时期重修的,历经几百年,颜色依然鲜艳如初,所以后人在它的颜色上大做文章。琉璃门有黄、绿琉璃瓦,围墙是红的,基座的汉白玉是白的,基座旁边的砖是青灰色的,可说是五色杂陈,所以俗称"五色琉璃门"。

也有一种解释更加简单:"五色琉璃门"是"五座琉璃门"的"色"和"座"音近相讹传之误。也自成一说。

"五色琉璃门"也好，"五座琉璃门"也好，都是太庙开放以后人们为了识别，根据颜色或外形而产生的称呼。因为史料上并没有对这个门的记载，这和太庙的功能有联系。太庙是皇帝的家庙，没有向外开的门，太庙院子的正门是西南的太庙街门，通向紫禁城，是按照规制修建的。而太庙的戟门是礼仪之门，享有最高的规格。皇帝祭祖进入太庙街门，距离很短就是太庙的庙门，也就是琉璃门，然后紧接着就进入了戟门，经过琉璃门所用的时间很短，没有仪式，也没有停留。而且一年仅有几次经过这里，所以没有单起名字加以称呼识别的必要，所以它既没有正式的名字，也没有正式的匾额。同样，祧庙的前后也有两座琉璃门，也没有单独的名字。后来改天换地，老百姓进入了太庙，有了称呼和识别的需要，于是就按照建筑材料的特点叫它琉璃门了，再后来有心人关注了它的颜色，于是就有了"五色琉璃门"这个漂亮的称呼。

太庙比太和殿高三尺

自古以来，京城民间流传着"太庙比太和殿高三尺"的说法。确实，我们现在如果站在天安门广场往北边紫禁城方向望去，真的感觉到太庙比太和殿还要高，那高出来的一大块恐怕不止三尺。这是怎么回事呢？到底是不是太庙比太和殿高一些呢？如果真的高，那么到底高多少呢?

对这一连串的谜，我们进行了科学的考证。

太和殿是皇帝的正衙，即办理国家公务的场所，具有至高无上的地位。在建筑高度上也充分地体现了这一点。为了达到突出中心建筑的目的，把太和殿、中和殿和保和殿都建筑在被称作"须弥座"的三层高台之上，太和殿的高度最雄伟。太和殿面阔 11 间（长 60.01 米），进深 5 间（宽 33.33 米），殿的高度为 35.05 米。

太庙享殿是皇帝举行重大的祭祀先祖仪式的场所，也具有至高无上的地位。其仪式的重要的程度仅次于祭天。所以在规划的时候就将太庙设计为规模巨大的殿堂，享殿面阔 11 间（长 68.2 米），进深 5 间（宽 30.2 米），高 32.46 米。

将太和殿和太庙享殿的数据一比较，可以看出，太庙比太和

太庙享殿

殿长一些，但由于太庙没有前面的廊子，所以宽度要窄一些。但高度还是比太和殿低了 2.59 米。这是符合当朝皇帝至高无上的原则的。

出现太庙比太和殿高三尺的传说和感觉，谜底有两个。

一是问题出在须弥座上，太庙的须弥座高 3.42 米，而太和殿的须弥座高达 8.13 米。那么我们做两个减法，将太庙的总高减去须弥座的高度，得出 29.04 米；再将太和殿的总高减去须弥座的高度，得出 26.92 米。这样，从须弥座以上部分的高度看，太庙享殿就比太和殿高 2.12 米。所以，我们站在太和殿庭院的地上看，太和殿高但瘦一点；我们站在太庙享殿须弥座以上看，享殿不仅高而且壮。所以太庙享殿比太和殿"高三尺"是指须弥座以上，如算上须弥座以下，则太和殿高出将近 3 米。

另外的一个谜底很简单：就是近大远小的视觉误差。我们站在天安门广场，太庙离着近，在端门略后一些，所以看着高大一些；但太和殿隔着午门、太和门，距离可远多了，所以就显得矮了。古代的老百姓根本不能进入皇城，偶有工匠杂役因服务皇室的需要而进入并匆匆而过，也只能留下粗浅的印象，因此产生了"高三尺"的传说，这也无可非议，但这确实给人们真实地认识紫禁城的这两座辉煌的大殿造成了混乱。现在我们用科学的方法揭开了这个谜底，使我们对古人伟大的创造更增加了许多敬仰和尊重。

同时，我们还可以领悟到古人处理矛盾问题方法的巧妙：皇帝至高无上，太和殿总高比太庙享殿高；祖宗至高无上，太庙享殿须弥座以上比太和殿高。如果哪一个绝对的高都不妥当，采用这种设计就使问题圆满地解决了。采用双重标准和相对的比较，这恐怕也是太庙设计中所蕴含的一个绝妙之处。

太庙和寺庙、道观、神坛的区别

太庙与寺庙：太庙是祭祀皇帝的祖先的地方，和别的俗称"庙"的寺庙不同；寺庙是佛教传入中国以后，借用"庙"这个词来称呼敬佛（神的一种）的场所，并非"庙"的本义。太庙中供奉的是皇帝祖先的牌位，属于宗祠的范畴；寺庙中供奉的是各色佛像，属于宗教的场所。太庙是对逝去的先人的尊崇，仅限于皇家"内部"供奉；寺庙是一种精神信仰，皇室和百姓都可以崇拜。

太庙与道观：道教是中国"土产"的宗教，太庙和道观的区别也是"祭祀人"和"膜拜神"。除了虚幻的神，如玉皇大帝以外，道教中也供奉一些历史人物，如张天师、邱真人等，这是已经升格为神的人；而太庙祭祀的祖先则保持人的身份，没有变成宗教意义上的神。太庙是皇族"内部"追思、尽孝、祈福的场所；而道观作为世俗的宗教场所，也和寺庙一样，皇室和百姓都可以前往叩拜祈祷。

太庙与神坛：太庙和神坛的共同点是皇帝专门祭祀。百姓没有资格、没有权利，也没有财力来供奉。太庙和神坛的区别也是人和神的不同。太庙祭祀人祖，神坛祭祀天、地、日、月、土、谷、山、水诸神。祖宗是唯一的，而神仙是众多的，这是中国古代以宗法制度为核心的社会制度和以泛神论为基础的思想体系的具体表现。

在建筑格局上，太庙和寺庙、道观大体相同。都是几进的院落，殿堂分别供奉着不同的神灵，都烧香磕头，这也是人们容易把这三者相互混淆的原因。而太庙和神坛则大不相同。首先在建造的地理位置上，太庙建在皇宫的东南方，是皇宫外朝的一部分，离皇帝很近，皇帝遇到大事或难事，随时可以到太庙告祭祖先，祈求祖先的保佑，从中汲取精神力量。

太庙如同皇宫，是一个大大的四合院。在位的皇帝事先皇帝如事生，宫殿、房屋和设施、物品如同供活着的人享用一样，一应俱全。而神坛则虚幻神秘，在空旷之处建造土台，从简单的堆土、夯土发展为以石料作为基础。其突出的特点有两个：一是四周围绕矮墙，二是四面建有棂星门。矮墙衬托高远，棂星门象征与上天的沟通和与上天的区别。

太庙传说

太庙庄严、封闭和神秘,古代常住太庙的"工作人员"十分稀少。这种情况,一方面使得内部产生传说故事的概率很低,但另一方面,也使外部的人们产生了无限的遐想,从进出太庙的相关人员口中获得素材,反而更易于产生传说和故事。但是这些传说往往十分隐秘,知晓的人范围有限,搜集起来难度较大。越是这样,也就越发显得这些传说的珍贵。一棵神秘的古柏和一片柏树林,一个成为太监的工匠的后人,一头小鹿的传奇,让庄严肃穆的太庙平添了许多温馨,许多情趣。

永乐皇帝和太庙神树

在北京太庙，有近千株古老的柏树，这些树树龄最长的已有500多岁了，树干如同饱经风霜的老人的面孔，布满了一道道深深的皱纹，而树冠却像翡翠雕刻成的，又青又翠，茂盛地遮住了天、蔽住了日，在喧闹的北京市中心，形成了一片难得的山林野景，清幽的环境吸引着无数游客。也许您不知道，当年种这些柏树，还有一段催人泪下的故事呢！

话说明成祖朱棣是朱元璋的第四个儿子。朱元璋起义推翻了元朝，建立了明朝，定都南京，封朱棣为燕王，镇守燕京。朱棣文武双全，励精图治，屯粮练兵，修筑长城，使燕京成为防范元朝旧贵族卷土重来的坚固屏障。

朱元璋死后，将皇位传给孙子朱允炆，就是建文帝。建文帝听了太监的谗言，怕燕王拥兵割据，想要"削藩"。朱棣知道了，就打着"清君侧"的大旗，率领大兵攻入南京，建文帝逃跑了，下落不明。朱棣登上了皇位，就是明成祖，史称永乐皇帝，永乐十八年（1420）建成了驰名中外的北京城，迁都北京城。北京城的中心是皇城，中间是富丽堂皇的紫禁城，右边是社稷坛，左边就是祭祀祖先的太庙。

再说这太庙建成以后，院内必须要种柏树，这管种树的官是个贪官，仗着他的舅舅是内务府的总管，利用手中的权力，不仅克扣银两、瞒上欺下，还对种树的工匠张嘴就骂、抬手就打，大伙儿对他恨之入骨，却敢怒不敢言，背地里给他起个外号叫"灰毛狼"。

在这些种树的里头有一个叫鲁大成的，30多岁，是个山东大个儿，家里几辈子都是种树的，他从小受家传，种树的手艺好、经验多，好打抱不平。大家不仅把他当主心骨，而且技术上也都听他的，穷工友都叫他"鲁大拿"。

一天早上，刚满16岁的春儿给"灰毛狼"倒夜壶，脚底下被一块砖头绊了一下，不小心把夜壶摔了。"灰毛狼"看见了，上去就是几个大耳刮子，把春儿的牙都打掉了，顺着嘴角直流血。"灰毛狼"愣说那夜壶是宋朝的古董，要扣春儿的工钱。这一算，春儿三年的工钱都被他扣光了也还不清。春儿给朝廷干完三年活，不光一个铜子拿不着，还得再白给"灰毛狼"家里干一年活。

鲁大成看不下去了，上前和"灰毛狼"理论，"灰毛狼"仗着有权，犯了野性，抄起一个锹把子就要打鲁大成。鲁大成哪吃他这一套，抢过锹把儿要揍"灰毛狼"，被大伙儿拦住了。"灰毛狼"知道自己打不过鲁大成，一边抱着脑袋跑一边跳着脚骂，说要把鲁大成开除了，鲁大成一气之下扭头就走，回山东老家去了。

鲁大成一走，剩下的人全是干活听喝的，没人种过柏树。可这"灰毛狼"是个外行，自己不懂还瞎指挥。在他的指挥下，好几十口子白忙活，一年下来，种的柏树全死了。这一下，明成祖龙颜大怒，太庙里的柏树种死了，简直是对祖宗的大不敬。这"灰毛狼"把罪名都嫁祸给种树的老少爷们身上，自己推得一干二净。可怜几十口子，全都做了刀下的冤死鬼。

第二年，又招了几十个穷苦人，接着种树。没承想，到了年底，棵棵柏树苗，又都成了柴火棒。这事报到皇上那儿，皇帝气得拍桌子瞪眼，这"灰毛狼"又一推六二五，可怜几十个穷弟兄又白白地脑袋搬了家。

第三年，一些不知情的穷苦人又被招来种树。由于还是"灰毛狼"瞎指挥，结果还是棵棵没活，皇帝龙颜震怒。这回"灰毛狼"还想推托，总管舅舅也抗不住了，急忙舍车保帅，向皇上禀奏是"灰毛狼"办事不力，冒犯祖宗神灵。"灰毛狼"听说了，想脚底抹油——连夜溜走。他卷着细软刚出家门，就被锦衣卫拿住了，二话没说，拉到卢沟桥斩首，可怜几十个种树的穷哥们儿，又做了陪榜。

太庙种树，三年不活，皇帝严查，朝廷大臣议论纷纷，京城老百姓也传得沸沸扬扬。再种不活，恐怕连总管的脑袋也保不住了。这总管苟大人早就吓得魂飞魄散，赶紧召集心腹商量对策，这几个心腹虽然不懂种树，但对"灰毛狼"的为人和所作所为十分了解，就把"灰毛狼"赶走鲁大成、假充内行、瞎指挥把树都种死了的事全说了，并且给苟大人出了几个主意：一是赶紧把鲁大成请回来，请他找出柏树种不活的原因，二是向皇上启奏说已请有名的道士"神算子"占了一卦，卦上说要请皇上亲自种第一棵树，才能种活，并夸下海口，如果再种不活，苟大人以自己的狗头祭祀祖先。

这一招果然灵验，皇帝笃信神鬼，于是再下圣旨，明年太庙种树，亲自前往。

话说这苟大人以缓兵之计，暂时蒙了皇上，捡了一条命，但他不敢怠慢，星夜急速派人请回鲁大成，命令鲁大成招人，赶紧查明原因，筹备种树。

却说这太庙种树，连种三年不活、连斩三拨劳役的事，早就传遍天下，再想招人种树，谁还敢来啊！

再说鲁大成，面见了苟大人，知道"灰毛狼"被处以极刑，出了一口恶气，答应了种树。但要苟大人答应三个条件：第一，"灰毛狼"害了那么多人，要掘尸喂野狗；第二，死去的三拨兄弟的家属，每家赏银十两，作为抚恤；第三，太庙的柏树种活以后，种树的弟兄每人赏银二十两，然后让他们平安回家。苟大人满口答应。

于是，鲁大成从自己家乡的亲属、乡亲之中，招了几十个人，进入太庙种树。

鲁大成到了太庙，仔细地察看，找出了毛病，原来是土质太差，都是粗沙土，不仅没有营养，而且浇水就漏，缺水少肥，小树苗自然活不了。怎么办？几十口子人的命攥在他手里，鲁大成不禁皱起了眉头。

好几个弟兄一看这个架势，都打了退堂鼓，想回家不干了，有那么哥俩还不辞而别，连夜潜逃了。这一下，人心全乱了，鲁大成一看，真着了急，急得他一拍胸脯，吼着说："老少爷们，信不过我鲁大成？我鲁大成可不是拖累别人下苦海的人，明天早上，我不给你们准谱儿，你们全都立刻逃跑，我一个人拿脑袋向朝廷请罪！"大伙儿这才安下心来。

可这一晚上，鲁大成真睡不着了，一个人喝闷酒。怎么办？自己掉脑袋没关系，可几十颗脑袋的后边是几百口子的老爹、老娘、媳妇、儿子、闺女，自己就是碎尸万段也没法向他们交代啊！没有办法，借酒浇愁，"咕咚——咕咚"，一瓶老白干下肚，鲁大成晕晕乎乎地睡着了。

半夜，鲁大成点上灯起来撒尿，回到屋里，只见屋里坐着一个白胡子老头，长得又干又瘦，还是个罗锅。鲁大成心里纳闷，就问："您老人家从哪来，找我有事吗？"老头拄着拐杖，什么也不说，对他笑了笑，神秘地用手摸了摸脑袋，又用手指了指地，再用手指了指东北方向，接着一阵咳嗽，忽然就不见了。

鲁大成一翻身，从破床板上掉到地上，他知道是自己咳嗽成了一团，心里起急，有了痰火。他站起身来，一看四周，黑咕隆咚，这才知道是一个梦。鲁大成再也睡不着了，心里琢磨，这老头是干什么的？忽然想来想去，想起老爹给他讲过一个故事：那年修紫禁城角楼的时候，由于角楼结构太复杂，又不能用一根钉子，木匠们发愁建不了，眼看着工期临近还是没准谱儿。忽然来了一个卖蝈蝈笼子的老头，放下笼子给木匠，然后转眼就不见了。大伙仔细一看蝈蝈笼子，受到了启发，终于按时建成了角楼。那卖蝈蝈笼子的老头，不是别人，是鲁班爷显圣！这回莫非又是鲁班爷？仔细一想又不对，鲁班爷怎么能是罗锅呢？干脆就别想他是谁了，老人的奇怪举动一定有名堂，想着想着，他也想不出所以然，就又睡着了。

"咚！咚！咚！"一阵急促的敲门声把他惊醒了，原来是穷哥们儿跟他要回话来了。

鲁大成情急生智，从兜里掏出唯一的一两银子，对大伙儿说："你们别着急，先到外边早点摊热热乎乎地吃点儿早点，一会儿回来在这等我，我自有办法。"

大伙儿走了，他一个人溜溜达达向东北方向走去，走到紫禁城往东有千步左右的地方，走着走着，就觉得好像走在炕褥子上那么软和，他弯腰抓了一把土，眼睛一亮，猛地大叫一声："有办法啦！"于是飞也似的跑回了住处。

只见大伙儿早就回来了，有的人铺盖卷都背好了。

鲁大成精神焕发、两眼发光，得意扬扬地说："什么事能难倒我鲁大拿呀，大伙儿别走，我有办法。"大伙儿"呼啦"一下围了过来，这会儿，他们早忘了掉脑袋的事，心里想着的是种好树能得二十两银子。

鲁大成把手一伸，说："你们看这是什么？"大伙儿都是农民出身，天天在土里刨食吃，一看是黄土，就立刻泄了气。纷纷叫着说，这叫什么办法呀，别耍我们了。

鲁大成说："你们听我说，这太庙种树不活不是神的事，也不是鬼的事，而是土的事。这土不好，所以才种不活，咱们把坏土换成好土不就得了。大伙儿一听都乐了，对呀！就这么办。

第二天，鲁大成奏明总管苟大人，苟大人一听也跟抓着救命稻草似的，立刻就同意了。鲁大成马不停蹄，立刻就返回来，置办了扁担、土筐当时就干起来。他们起早贪黑，挑灯夜战不消半月，太庙里已垫满了松软的新土，挖出来的沙土又运回到取好土的地方，这太庙里的土好了，可这紫禁城东边却变成了沙滩。又过了一个多月，1000多棵柏树苗也从远郊运了进来，齐刷刷、整整齐齐，一棵棵青翠欲滴，绿得好看。万事俱备，只欠东风。

此时苟总管来了，苟大人胖得像个皮球，身上穿着花花绿绿的官服，远看就像一个花皮大圆萝卜，他迈着四方步，指着鲁大成的鼻子说：你再准备准备，挑一棵最好的树苗，我启奏皇上来种树，要是再活不了，你的脑袋就得搬家，说着他晃了晃猪头似的肥脑袋。鲁大成心想：掉脑袋也得是你这猪头先掉，他跨上一步说："大人，我鲁大成想让它活它就活，想让它死它就死，您别忘了那三条啊！"苟大人眼珠子一瞪说："大胆，你敢威胁本官。"鲁大成说："您别忘了，就是脑袋搬家也得您的先搬！我们穷人命不值钱，可大人您的……"苟大人一听这几句话，心想：真要是皇上种的树也死了，甭说脑袋搬家，那还不满门抄斩哪！他立刻软下来，换了口气，脸上堆满了笑纹，笑得小眼睛眯成了一条缝，他拉着鲁大成的手假装亲热地说："我的鲁爷，你可千万种活了，种活了我重重有赏！连他们也有赏。"说着从袖子里掏出五两银子来，"先犒劳犒劳哥几个，打几壶酒喝。"鲁大成就坡下驴，接过银子说了声"谢大人"。见苟大人这副怕死的德行，旁边几十口子都抿着嘴偷偷地直乐。

等苟大人走了，鲁大成带着大伙儿到了一家小饭馆，大白馒头、猪肉炖粉条，足吃了一顿。

却说苟大人禀告了皇上，择吉日请皇上亲自来种树。

这一天皇上来了。这哪是种树，简直就是游行！皇上坐着龙车，后边跟着大队人马，鼓乐齐鸣，旌旗招展浩浩荡荡地进了太庙。来到琉璃门前十丈远的地方，只见地上早已挖好了树坑，小柏树苗树根下带着草袋子包着土稳稳地放在坑中央，旁边有一堆土，这时早已有人递上一把系着红绸子

永乐皇帝手植的神柏

的、把儿抛得十分光滑的铁锹，皇上一锹、两锹……不一会儿就填满了土。这时，又有人递上一桶水，皇上弯腰浇水，水浇满了，大功告成。周围的人山呼万岁，皇上起驾回宫。

皇上走了，真干活的就是众弟兄了，不消三天，这1000多棵小树苗全栽好了。打这天以后，这鲁大成带着大伙儿起早贪黑，迎着风沙，顶着烈日不停地干，浇水、施肥、打药、剪枝，辛辛苦苦，没闲着的工夫，对这些小树苗真跟对自己的孩子似的。俗话说得好：功夫不负有心人。只见这些小树苗很快就扎了根，长出新叶，一片郁郁葱葱，真是招人喜爱！一年下来，不仅一棵也没死，而且蹿了老高，长成一片树林。有了这片柏树林，这太庙就好像穿

了一件新衣裳，一片嫩绿簇拥着红墙黄瓦，真是美极了！这好消息报到皇上那儿，龙心大悦，明成祖先是仰天大笑，然后拈香敬天、供佛、拜祖，感谢神灵赐福相助。满朝的大臣也忙着拍马屁，有的说这是因为皇上是真龙天子，福泽天下，连不通人性的树木花草也得俯首听令啊；有的说这是因为皇上治国有方，光宗耀祖，是祖宗们夸皇上孝顺有德，显灵保佑的结果；有的说是皇上有神威，土地爷显圣帮忙的结果，甚至于把皇帝栽的这棵柏树叫作"神树"。从此以后，凡是后代皇帝和王公大臣来此祭祖，到这棵树下，皇帝要下辇、文官要下轿、武官要下马，以示尊重，这就是"神树"的来历。

不用说，那个苟大人得到了皇上重重的奖赏，可朝廷的大官们却把真正有智慧，真正卖力气干活的穷弟兄们给忘了。但老百姓却有自己的理儿，他们心里明白，这哪是神鬼显灵啊，这是鲁大成他们种树得法，汗珠子掉地下摔八瓣的结果啊！鲁大成他们保住了命，而且为后人留下了苍翠的柏树林，天下最聪明的是老百姓，最值得纪念的是老百姓。您要不信就去瞧瞧，直到今天，紫禁城的东边还叫"沙滩"呢。要不是鲁大成他们换了好土，精心护理，换谁也是瞎子点灯——白费蜡。

至于那个在鲁大成梦里出主意的罗锅老头，他不是别人，正是唐朝以种树闻名的郭驼橐，也是个老百姓。

疯子救太庙的故事

崇祯十七年（1644）的四月底，北京城里一片混乱，此时是农民起义军领袖李自成的军队攻入北京的第三十九天，李自成见大势已去，匆忙地在武英殿登基，正式称"大顺皇帝"。

第二天，到了天黑时分，探马来报，说吴三桂的叛军和多尔衮的清兵已攻到了通州，李自成大踏步地走出武英殿，纵身跃上乌龙驹，匆忙撤退。

一群起义军士兵藐视地望着这座皇权的最高圣地，在皇极殿前堆起一堆旧木头，点着了火。火舌蹿了起来，接着，午门、端门也起了火。他们这样做是出于对腐败的明朝的无比仇恨，他们是因为无奈才烧毁这用劳动人民的智慧和汗水创造的辉煌建筑的。

已驰出承天门、越过金水桥的李自成突然勒住马，回头望了一眼，心里充满了留恋，见到熊熊的大火，心里好像泄掉了许多愤怒，突然他大喝一声："混账，不要烧，我们还要回来的！"但一切都晚了，侍卫大叫道："闯王，清兵快到了，快走！"

李自成什么也顾不上了，一夹马肚子，向广安门飞驰而去。

起义军发泄着愤怒，边走边放火，皇宫成了一片火海，映红了漆黑的夜空。

　　与此同时，在皇宫外朝东侧，在里边供奉着明代皇帝牌位的太庙，几个起义军士兵砸碎了几扇窗户，在太庙大殿的西南角点着了火，然后疾驰而去。

　　火舌舔着楠木大柱往上蹿，这大柱的外皮包着泥子不易烧着，但上边的窗户早已噼噼啪啪地着了起来，火势迅速向上升，眼看大殿也要变成火海了。

　　正在这时，一个披头散发的驼背老人，从太庙西南角的奉祀署冲了出来，望着皇宫冲天的大火，老人失声痛哭，捶胸顿足。

　　突然，老人停止了干裂的哭声，磕磕绊绊地向北跑去。跑到玉带桥下滑了一个跟头，他的头撞在桥头栏杆的石柱上，鲜血立刻流了出来，他不顾这些，爬起来，拼命地向前跑。跑到大殿须弥座的台阶上，又摔了一跤，他爬起来继续跑，终于跑到大火前面。他先用木棍迅速地把墙根下燃烧的木头挑开，然后拿起刚才准备好的一个浸满水的破棉袄，不顾一切地奋力扑向大火，也不知这个瘦弱的老人哪里来的那么大的劲儿，一下、两下、三下……一连几百下，下面的火终于被扑灭了，但上边的窗户还在燃烧。

　　老头转身看了一下，旁边有几个方形的石礅，中间有窟窿眼插着碗口粗的旗杆，旗杆足有二丈多高，是举行祭祀时插旗幡用的。他用力把旗杆扳倒，旗杆上头正好搭在大殿的房檐下，老人如同猿猴一样爬上了旗杆，一只手死死抱住旗杆，另一只手拼命扑打上面的火，又是几百下，上面的火终于被扑灭了。如果不是这个老人拼命救火，太庙大殿就会像皇极殿那样，在火海中轰然倒塌了。

那么这个老头是谁呢?

他是在太庙做杂役的一个老太监。那么,李自成攻入北京,崇祯皇帝吊死煤山,明朝皇室逃往南方,剩下的太监杂役全都树倒猢狲散,跑得慢的也免不了做刀下鬼,而这个老太监怎么还能安然地留在这里呢?

李自成进入北京后,起义军占领了皇宫,这太庙是外朝的一部分,也都住满了兵,原来守太庙的十几个太监一看大事不好,都跟兔子似的麻利地跑没影了,只有他——蔺忠闭着眼睛盘腿坐在炕上,一动不动,他横下一条心,一来他年纪大了,二来也是最主要的,他要守着自己陪伴了一辈子的太庙的这些建筑。为什么? 只因为他是200多年前修建皇宫的主要工匠蔺祥的十世孙,祖辈传下来的手艺是建筑木工,他从小就受父亲的指点自己动手做小宫殿模型,长大了,木工手艺有了,还翻烂了皇家建筑的规范著作《营造法式》,梦想做一个像先祖一样建造宫殿的工匠。

但是时运不济,家道没落,蔺忠被迫净身入宫做了太监。他虽然不能当一个亲手建造宫殿的工匠,但每天守候在先祖建造的这辉煌的大殿旁边,心里感到无比的欣慰。他常常轻轻地抚摸着每一块石、每一块砖、每一根柱子,如醉如痴。别的太监看到他老是对着大殿发愣,也问不出他这是为什么,于是就认为他疯疯癫癫,给他起了个外号叫"蔺疯子"。就是这"疯子"二字救了蔺忠的命。

起义军进入北京后,杀了无数的官差、太监、宫女。可蔺忠身上穿着又脏又臭的皮袍子,披头散发,满脸漆黑,拖拉着鞋,目光呆滞，嘴里偶尔发出一种别人听不懂的声音。离着十八丈远，一看就是个疯子；离着十丈远，就能闻到他身上的臭味。所以人人都躲着他，连起义军士兵也躲着他远远的，杀了他怕脏了自己的刀，沾自己一身臭味。

好在神厨里有一些残留的米面和杂粮，蒯疯子用它们来煮粥充饥，巧妙地逃过了死劫，在死人堆里顽强地活着。他不怕死，但他此刻要活着，活着为的就是能继续看到自己心爱的大殿，必要的时候拼上老命来保护它。

现在，大殿遭了劫，这木制的建筑一旦着火，转瞬间就会化为灰烬，于是他不顾一切地冲了上去。

火灭了，大殿保住了。蒯忠满脸是血，浑身是火烧的焦味，手上、胳膊上烧起了大泡，他晃了几晃，"咕咚"一声倒了下去。

当他醒来的时候，清军已经占领了皇宫，太庙里是满身胡装的清兵。他慢慢地睁开干涩的眼睛，火！他的神经跳动了起来，心脏"突突"地急跳，刚才不是把火扑灭了吗？

他猛地一下站了起来，瞪着眼睛使劲看，原来是一个清兵举着一个火把，正向太庙大殿走去。

清兵原以为他是个死人，没有理他，突然，他们见到这个死人站了起来，吓得愣住了，他们以为是诈尸了，慌忙报告了带兵进入皇宫的王爷多尔衮。多尔衮听到报告后，纵马从太庙街门疾驰而来。

此时，蒯忠注视着火把的移动，只见那个清兵正用火去烧太庙的大门。"不好！"蒯忠像斗鸡一样冲了上去，立刻和那个清兵厮打起来，人影和火光交错在一起跳动。

多尔衮来到太庙，一个小头目马上向他禀报："禀王爷，我们正要放火烧了这明朝的祖脉，突然从死尸堆里冒出个疯子，竟然胆敢阻拦，我们立刻把他拿下！"

"慢！"多尔衮洪亮的嗓门大喊了一声。

多尔衮画像

多尔衮是个骁勇的战将，杀人无数，从死人堆里爬出来是常事。只见他看了看正在厮打的那个清兵和蒯忠，似乎看明白了什么。于是他抹了抹小胡子，"嘿嘿"地冷笑几声，举起硬弓，搭上鹰羽箭，嗖的一声射出去，只听"噗"的一声，一人应声倒下。倒下的不是蒯忠，而是那个清兵，只见硬箭正中这个清兵的右胸，箭头穿出了后背，血立刻喷了出来。

蒯忠手捂着胸口，身子摇晃着，深情地看着巍然挺立的大殿，嘴里发出一阵爽朗的大笑："哈哈……"然后向着大殿倒下去，双手五指张开伸向大殿，好像要和大殿做最后的拥抱。

清兵们被这笑声惊呆了，他们从战场上走来，杀过无数的人，还没有见到过这样壮烈的人。

清兵们也被多尔衮此时的举动惊呆了，怎么王爷不射那个疯子，反而射杀了自己的士兵？是不是失手射错了？可是，多尔衮是马背上的将军，在马上飞驰能百步穿杨，怎么能失手呢？

正当清兵胡乱猜测的时候，只听多尔衮一声呵斥："快把火灭了！"

火很快就被扑灭了，多尔衮翻身下马，健步走上了大殿前的月台，仰头望着雄伟华贵的大殿，嘴角露出一丝得意的微笑。

只见蒯忠蠕动了一下身子，艰难地站了起来，按照明朝的大礼，向多尔衮叩拜。

多尔衮挥了挥手说："护庙有功，抬下去诊治。"

他知道，这个酷似疯子的人绝不是疯子，他豁出命来保护这辉煌的宫殿，一定是个奇人。

没过多久，清顺治皇帝来到北京，下令重修被焚烧得一片狼藉的皇宫。一声令下，几天就招了几千个民工，但没有一个是能设计监修工程的工匠，于是张榜招贤。

已经养好伤、依然看守太庙的蒯忠毅然揭榜。经多尔衮保举，皇帝钦命他为工程总管，奉旨监修皇宫。

蒯忠的才能有了用武之地，他殚精竭虑，不到一年，就把被焚烧的皇宫全部修好，连太庙被烧的一角也很快修好了。

顺治把皇极殿改名太和殿，登上了金銮殿的宝座。同时他也模仿汉族的祭祖方式，把原在太庙的明朝皇帝的祖先牌位移至阜成门的历代帝王庙，而把自己的祖先牌位恭恭敬敬地请进了太庙。

这就是疯子救太庙的传说。太庙由于蒯忠的保护，仅仅烧了一个角，使明初的珍贵建筑完整地保留下来。

又是300多年过去了，太庙仍然巍峨挺立，成为新时代人民的宝贵财富，我们从散落在民间的故事中，挖掘出点滴的素材，按当时的历史风貌编写了这段故事，权当对蒯忠这位保护太庙的老人的一点纪念吧。

乾隆与鹿柏

北京天安门东，有一片巍峨的建筑，中间三座大殿被三座围墙环绕，四周有千株树干斑驳的古柏，红墙黄瓦掩映在翠柏之中，庄严肃穆。你道此为何地？此乃是皇帝祭祀祖先之处。这里平日是禁地，普通人根本不得进入；擅自闯入，则是杀头之罪。皇帝举行祭祖典礼之时，这里热闹非常，但平时寂静空寥。

但说这柏树中有一株形状特异，其形状像一头奔驰回首的梅花鹿，人们管它叫"鹿柏"，说起它的来历，还有一段神奇的故事呢。

庙内西南有个狭长的院落，院内有房5间，这就是管庙太监居住的地方。按照清朝的规定，常年只有20名小太监和一个管事的官住在这儿。

在这些太监当中，有一个小太监名叫李九儿，老家在河北省河间府，他9岁净身入宫，被派到太庙驻守。9岁正是天真烂漫、贪玩好奇的年龄，被关在这阴森的太庙之中，真是如坐牢一般。但高墙隔不了天性，这李九儿干完活，百般无聊，就抓个蚂蚱、逮个蛐蛐儿、挖点野菜、采朵野花，不仅自己解解闷，也让那些老太监开了心，大家伙儿都十分喜欢这个聪明伶俐的小太监。

再说这太庙祭祖，需要牛、羊、猪、鹿作为祭品摆在贡桌上，叫作"牺牲"。这些动物平时圈养在北京南苑水草丰美的海子旁边，到了皇帝祭祖的前十几天，才从神厨门把它们运到太庙里一个叫"牺牲所"的地方，先圈养清洗几天，然后在"打牲亭"用大木槌猛击这些动物的头，打死以后再屠宰，之后送到神厨制成祭品。

鹿柏

这李九儿除了打扫院子，还有一个活就是和老太监刘福（李九儿管他叫福爷）喂养这些没多少天活头的牲口。

他把这些牲口当伙伴，和它们说话，给它们洗毛抓痒，待到管牺牢的太监把它们赶往牺牲所的时候，牲口们都通人性似的向李九儿默默地流泪。李九儿也抹着眼泪，不敢出声，他从来不去打牲亭看宰牲口，当牲口临死前那撕心裂肺的嘶鸣从宰牲亭传来，李九儿就捂着耳朵，闭上眼睛，蹲在墙旮旯发呆。

这几天，离秋天大祭的日子又不远了，李九儿怜惜地给刚选进来的牲口刷毛，当他给一头母鹿刷毛时，觉得这头鹿特别肥，肚子圆滚滚的，于是他嘴里嘟囔着："肥，也得挨一刀了。"

　　吃晚饭的时候，李九儿把那头肥鹿的事跟福爷一说，福爷有经验，一听就觉得蹊跷，到了晚上，福爷带着九儿点着灯来到鹿圈，找到那头"肥鹿"，只见那头鹿不肥了，干草地上多出了一头小鹿羔，是刚生下来的，已经从地上站了起来。福爷大惊，惊的是鹿下崽见了血，乃是不祥之兆，不能让太常寺的官知道，否则，鹿圈养鹿的、送鹿的都要杀头，连他们俩也得落个知情不报的罪名。可九儿却一喜，他看见这头活泼可爱的小鹿在母鹿肚子下吃奶，短短的毛还湿漉漉的，大大的眼睛挺有神儿，如同小牛犊、小猪崽、小羊羔一样，真是招人爱。只听福爷用低沉沙哑的声音对九儿说："赶紧把地上清干净喽，铺上新草，给母鹿擦干身子，把小鹿羔子找草窠子挖坑埋喽。"九儿一听就急了，反问福爷："这么好的小鹿养着不好吗，为什么活埋了？我不干。"福爷叹了一口气说："唉，傻小子，你哪知道宫里的规矩，这事要是让太常寺知道了，鹿圈养鹿的人不说，咱俩也得倒大霉。"

　　九儿不干，这孩子从小就有犟脾气，眼看着活生生的牲口一个个无辜地死了，如今连这小鹿刚一落地就得弄死，真是太残忍了，于是他苦苦地哀求福爷，说要偷偷地养着这头小鹿，反正平时没人到太庙来，等养大了即使再做牺牲，也算活了一遭，总比一落地就活埋好得多。

　　福爷视九儿如同自己的孙子，一直特别疼爱他，再说当了太监就绝了后，绝无有儿孙的可能，这九儿就补了他心里的缺，这真是一种特殊时代、特殊环境里的特殊关系。看到九儿执意要留下这头小鹿，福爷心一横："也罢，咱就留下它吧，也算行个善事。

不过，一要喂好，二要藏好！"得到福爷的同意，九儿高兴得一蹦老高，爷儿俩连夜在草深僻静的地方用树枝给小鹿搭了一个圈，偷偷地养起来。

过了几天，鹿妈妈被送进宰牲亭一命归西，临走的时候，它拼命回头望着九儿，眼睛里流出了眼泪，好像是默默地托付九儿照顾小鹿。

这九儿添了这个小伙伴，别提多高兴了。他每天用自己喝的粥和馒头，再加一些新鲜的野菜，偷偷地喂养着这头小鹿，还给小鹿起个名字叫"十儿"——自己是"九儿"，小鹿是"十儿"，小鹿就如同是自己的小弟弟一样。光阴似箭，日月如梭，眼看过了一年，"十儿"长成了一头健壮高大的梅花鹿，头上长出了小鼓包似的鹿茸，又长成了分叉的犄角。福爷和九儿常偷偷地和它玩，真是快乐极了。

转眼到了年底大祭，皇帝由王爷陪同，在浩浩荡荡的仪仗的簇拥下，来到太庙。行大礼时，鼓乐大奏，不仅惊起了柏树上的小鸟，也使"十儿"受到惊吓，它东撞西撞，原本不怎么结实的树枝栅栏被长成大鹿的"十儿"撞开了，它开始在太庙狂奔起来，一下子就冲入琉璃庙门、冲过大戟门、进入大殿后的空场，然后又冲进了仪仗队伍。神乐署的乐工们大惊失色，有的乐器掉到地上，有的东躲西藏，祭祀秩序大乱，乾隆皇帝不知出了什么事，慌忙进入大殿躲避。见到御林军前来驱赶，"十儿"掉头就往回跑，跑出大殿院，又跑过大戟门，然后跑出琉璃庙门，往西一拐，再往北拐，进入一片种着柏树的草丛中，惊魂未定地站在那儿往回张望。正在此时,一名御林军迂回到它后面西北角方向,搭弓射箭,只听"嗷"的一声,利箭从鹿的左后身斜着射入,随着轰然一声响,闪出一片金光,光照得众人睁不开眼睛。待到强光散去,人们睁开眼睛时,只见"十儿"已化作一棵柏树,身上还插着那支铁箭呢。众人一见大惊失色,御林军首领立即向乾隆皇帝报告,说刚才不知从何处跑过一头鹿,现被射中已化作一棵柏树,请皇帝下旨将这棵柏树砍倒,以惩其惊驾之罪。

乾隆皇帝一听,将信将疑,于是下令:"且慢动手,朕要亲自去看一看。"于是乾隆皇帝率众王公在御林军首领的带领下,来到鹿化作柏树的地方。可是鹿化的柏树不见了,仔细一看,原来是鹿柏上落满了仙鹤,掩住了鹿柏。

只见有的仙鹤悠闲漫步,有的引颈长鸣,有的振翅欲飞,有的以嘴梳毛。

乾隆皇帝和众人都看呆了,过了一会儿,乾隆皇帝说:"此乃天意,鹿化为柏,柏上栖鹤,着鹿鹤同春的吉兆,想必大清过了严冬,明年定是好年景啊。"于是亲自赐名"鹿柏",并向鹿柏作揖,拜了三拜,命看庙太监仔细养护。就这样,在远处早已吓得战战兢兢的福爷和随时准备以命相拼保护"十儿"的九儿,也躲过了一劫。

如今,这棵鹿柏经风沐雨、迎寒斗暑,依然苍翠茂盛地屹立在太庙西侧,只不过它身上的铁箭早已朽烂了,只留下了一个疤痕。

太庙的性质和文化的传承

    崇拜祖先作为中国人最重要的精神信仰，2000余年来一直是化育中华民族的最基本的精神力量。其作为中国文化之最基本载体，非但是国人精神之归宿，更在中国社会发展历程中发挥了举足轻重，而又不可估量、无可替代之重要作用。对祖先的祭祀，已成为中国文化不可或缺的一部分，并深深地融入了这个民族的血脉之中。而集中体现这种民族特色和民族精神的太庙，是世界现存最大的祭祖建筑群，是明代官式建筑最佳经典遗存，是中华传统核心文化的发源地和凝聚地，是首都北京最具特色的人文景观，当然也是文化传承、创造新时代文化极为重要的内容。

独具特色的人文景观

太庙，在北京是唯一的，在全国也是唯一的。《左传·庄公二八年》说："凡邑，有宗庙先君之主曰都，无曰邑。"只有大一统的天子首都，才有太庙。明朝以前历朝历代的太庙都毁了，现在沈阳故宫太庙，是象征性的，原是四祖庙，清朝入主中原后改修。规模、内涵、功用都不是真正意义的太庙，主要用来存放帝后册封的金册、玉册。广西有"冼太庙"，但它并不是太庙。而北京

太庙雄姿

太庙是现存唯一的天子祭祖的太庙，也是历史上唯一的两朝皇帝使用过的太庙，所以，太庙是北京最具特色的人文景观。

《史记·礼书》云："上事天，下事地，尊先祖而隆君师，是礼之三本也。"这更是以儒家文化为代表的中华文明一个极其显著而又殊为重要的特点。"事死者如事生"，是祖先祭祀的通义，黍稷酒肉更是祭祀必备之物。宗庙祭祀乃礼之大者，殊为重要。明朝以前历代太庙均不存，外国没有太庙，只有宗庙。沈阳故宫面积只有6万平方米，北京太庙面积却达19.7万平方米，且是体现"左祖右社"礼制建筑的经典。

长期以来，太庙在古建中的地位被遗忘了，被大大低估了。中国文物界公认的"中国最好的大殿"，指故宫太和殿、曲阜大成殿、泰山天贶殿，唯独遗漏了太庙。近年网上流传"中国最好的五十座古建"，其中竟也没有太庙。

故宫中的明代建筑只有南熏殿、中和殿、保和殿、钦安殿、钟粹宫、神武门城楼、储秀宫等。而太庙主要建筑全部是明代建筑，太庙大殿是现存明代官式建筑体量最大的，这是不容置疑的。

凝聚中华传统文化之大成

庙，繁体字是"廟"。从字形看，形声加会意。左形"广"是一面敞开的殿堂。右声"朝"，多音又读"zhāo"，近音表声。

在太阳刚刚升起的时候，对天十分敬畏的远古祖先们聚集在一起，向上天祈祷，向祖先祈祷，同时商讨和决定部落的大事，这个建筑就叫"庙"。这就是最早的宗庙与朝廷，祭自然神、祭祖先、首领议事，功能是合一的。后来，祭自然神的功能先分出去，祭祖和会议仍在一起，这就是庙堂。再后来，国君有了专门议事的殿堂，庙又分出去，形成了专门祭祖的宗庙和国君理政的朝廷。所以，中国最早的祭祀活动、国君理政的仪式、舞蹈、音乐以及后来"至善至美"的礼乐文化，就诞生在最早的庙。所以，太庙是中华传统核心文化的发源地。

宗庙祭祀历来皆为国之重典，在历代国家祀典之中，均以天坛郊祀和太庙祭祖最为隆重，皆作大祀等级，其程序仪节相应也极尽严格。而天坛远离皇宫中心，地点在郊外，故称"郊祀"，是"敬而远之"。而太庙，按照《周礼·考工记》"左祖右社"的王城规制，紧邻皇帝理政的中心，其实际的崇高地位是十分明确的。周朝总结前代的文化积累，经过周公制礼乐，形成世界上最早的国家管理系统——成熟的礼乐文化，太庙文化经数千年历朝历代的不断传承，更加完善，为中华民族核心文化的凝聚、成长、发展，发挥了无与伦比的巨大推动作用。其外化的形式——雅乐和舞蹈，也成为传统雅正艺术"高不可及的范本"。这种仪式，是子子孙孙永远相传的民族文化认同感，是永远不可替代的。而精神上的"祖先崇拜"则成为中华民族文化的核心，也是中华文化区别于其他民族文化的最本质特征。随着清朝退出历史舞台，这种核心文化的外化形式在人们的视野中消失了。但是，祖先崇拜和礼乐文化，作为意识形态，根深蒂固地存在于民众当中，并且顽强地传承下来。以太庙文化为代表的中华祖先文化，在当代和未来都有极为重要的意义和价值，因为共同祖先的崇拜是中华民族的核心凝聚力，是构建和谐社会的基本保障，是凝聚海外华人的精神根脉。所以，太庙是中华传统核心文化的凝聚地。

太庙礼乐文化的传承

源远流长、根深叶茂的太庙祭祀礼乐文化，是祖先留给我们的宝贵遗产。文化遗产是一种民族文化传承的血脉，这个血脉不能中断。文化遗产也是弘扬民族精神、创造新文化的基础，这个基础不能削弱，这些遗产是我们和遥远的祖先沟通的唯一渠道，是人类历史留下的物证。传统文化是我们的根，是我们文化发展的源泉。随着社会的发展，寻根之情普遍存在于人类，我们珍惜文化遗产，不只是发思古之幽情，而是熔铸文化之魂，创造新文化的需要。

笔者对太庙礼乐文化传承提出简要的分析和重要的建议。

传承是必须的

在世界主要流域文明中，中华文明绵延数千年没有中断，这和以祖先崇拜为中心的礼乐文化的传承有至关重要的关系。礼乐文化蕴涵着先人的宇宙观和生命观，在5000年的历史长河中，国家无论是兴盛还是衰微，礼乐文化都潜移默化地影响着每个中国人，形成中华传统文化的精神根基。"礼"是内容、是核心；"乐"是形式、是特征。"礼"和"乐"结合形成"礼乐"，其意义已经超出两字的简单相加，而形成了中华独特的文化形态。中华文化复兴、建设美丽家园、实现"中国梦"、让中华文化走向世界，离不开中华礼乐的传承和创新。

传承是科学的

传承太庙祭祀礼乐文化，必须用科学的态度，取其精华，去其糟粕，正本清源；不复古，不盲目；要做到"三个切分"：

（1）与封建切分。古代皇帝祭祖，如今回归全民。去掉封建宗法制"家天下"的内容，保留中华民族祖先崇拜、礼乐文化的核心。

（2）与阴丧切分。古代国家实行五礼，嘉礼、吉礼、宾礼、军礼、丧礼，太庙祭祖列为吉礼。祖先崇拜，是人类最崇高的精神活动，严肃、庄重、崇敬，但不悲戚。吉礼和丧礼的不同：对象不同，太庙祭祀列祖列宗的灵位，陵墓祭祀的是逝者的遗体；时间不同，太庙有固定的祭祀时间，陵墓一般是清明和忌日；情感不同，太庙庄肃崇敬，陵墓悲戚怀念。

（3）与迷信切分。古代人认为灵魂不死，这是不科学的。现代人既有自然科学的研究，也会用逝者的崇高精神境界来教育人、感染人、激励人。

传承是创新的

祖先崇拜和礼乐文化是中华民族文化自信之根。经过三个切分，我们就摆脱了困惑，使太庙祭祖不再是私家行为，而变成全民祭祀共同祖先，理直气壮地向祖先学习智慧，从祖先伟

太庙后河

大的功绩和人格中吸取力量，获得祖先的护佑和吉祥。在传承中创造新文化，为当代和后代谋求福祉。笔者在 2005 年发表于《紫禁城学刊》上的《太庙归宿之我见》一文，首次提出了将太庙建成中华民族祭祀祖先和礼乐传承的中心场所的建议。十多年来，这一观点产生了很大的影响，得到越来越多的各方面人士的认可和支持，整个社会对太庙的认识也越来越深刻。今天，党和国家把弘扬中华传统文化提升为国家战略，整个世界对中国传统文化对人类发展的重要价值的认识也越来越高，而且，中国经济高度发达，完全有实力重建辉煌的礼乐文化。笔者再次庄重地建议：把太庙辟建为中华民族礼乐文化的中心场所，在这里研究、传承、演示，使中华博大精深的、优美无比的雅正典礼、雅正音乐和舞蹈得到永生。这样，巍峨、庄严、典雅、崇高的太庙也就获得了新生，为中华民族千秋繁衍、繁荣富强，为中华文化的永久传承、走向世界，发挥独一无二、不可替代的重要作用。这不仅是对伟大辉煌的中华文化的尊崇和保护，而且是中华民族永葆民族文化特色、巩固大一统、创造新的文化、自豪地走向未来的根本保障。

参考书目

《说文解字》,〔东汉〕许慎著,中华书局,2005年第4次印刷。

《三礼辞典》,钱玄、钱兴奇编著,江苏古籍出版社,1998年版。

《十三经注疏》,上海古籍出版社,1997年版。

《俎豆管弦——中国宫廷祭祀庆典》,卢昌德著,云南人民出版社,1992年版。

《祖宗的神灵》,李向平著,广西人民出版社,1989年版。

《礼不远人——走进明清京师礼制文化》,李宝臣著,中华书局,2008年版。

《中华传统文化大观》,中国大百科全书出版社,2005年版。

《中国古代文化史》,阴法鲁、许树安主编,北京大学出版社,2008年版。

《中国青铜器》,马承源主编,上海古籍出版社,1988年版。

《故宫辞典》,万依主编,文汇出版社,1996年版。

《二十六史大辞典典章制度卷》，戴逸、郑秦主编，吉林人民出版社，1993年版。

《中国古代典章制度大辞典》，唐嘉弘主编，中州古籍出版社，1998年版。

《中华古文化大图典》，王鲁豫、曾胡主编，北京广播学院出版社，1992年版。

《神灵与苍生的感应场——古代坛庙》，龙霄飞著，辽宁师范大学出版社，1996年版。

《天府广记》，〔清〕孙承泽纂，北京古籍出版社，1984年版。

《紫气贯京华》，高智瑜、陈德义主编，中国人民大学出版社，1994年版。

《北京通史》，曹子西主编，中国书店，1994年版。

《考古精华》，中国社会科学院考古研究所编，科学出版社，1993年版。

《新中国的考古发现和研究》，中国社会科学院考古研究所编，文物出版社，1984年版。

《春秋左传》，中州古籍出版社，1993年版。

《吕氏春秋》，学林出版社，1984年版。

《史记》，〔汉〕司马迁著，岳麓书社出版社，1996年5月第11次印刷。

《隋书》，〔唐〕魏徵、长孙无忌等著，中华书局，1973年版。

《新唐书》，〔北宋〕欧阳修等编撰，吉林大学出版社，1996年版。

《元史》，中华书局，1982 年版。

《明史》，中华书局，1982 年版。

《清实录》，中华书局，2008 年版。

《清史稿》，中华书局，1982 年版。

《清会典图》，中华书局，1991 年版。

《皇城礼器图》，广陵书社（电子书）。

《京华园林丛话》，北京市园林局史志办公室编，北京科学技术出版社，1996 年版。

后　记

　　太庙对于古都北京和紫禁城的意义是极为独特的。即使是在古代，太庙的唯一性、崇高性和神秘性，也使它几乎隐没在红墙黄瓦的鳞次栉比的宫殿群中，只有皇帝和少数宗亲、朝廷重臣能够在祭祀时，通过庄严的仪式、典雅的乐舞、缭绕的烟火领略它的崇高和肃穆。中国最后一个王朝的末代皇帝逊位以后，太庙曾经的盛大和庄严如烟消云散。更何况中华人民共和国成立后，雄伟的建筑换了主人，祭祖的殿堂变成劳动人民文化活动的场所，新时代的文化让祭祖礼乐的踪影彻底消失。

　　当太庙文化从历史舞台上销声匿迹 80 多年以后，我们企图追寻太庙曾经的文化内涵和宏大场景，发现已经是十分困难。时代的飞速变迁，让人们对太庙文化历史的认知从模糊，直至逐渐遗忘。我就是在这个时候，以在北京师范大学中文系所学为功底，斗胆开始了对太庙文化的研究。

　　在研究中，沉溺于浩繁枯燥的史料，不断地进行学习和探索。抄写卡片，然后分类、考据、整理、编辑。繁忙使我推却了许多活动，放弃了其他兴趣爱好，暂停了文学创作，冷落了许多旧友，在喧闹的世界中自甘寂寞。

　　在研究中，我得到了罗哲文先生、秦国经先生等众多老师的倾心指导和鼎力支持。正是这些引路人热情无私的帮助，才使我少走了弯路，逐步接近了太庙文化的本质。2005 年写成一本小书《太庙探幽》，由文物出版社出版。这本小书显然是稚嫩的，但它是系统研究太庙的第一本书。不仅为许多国内外的图书馆和研究机构收藏，而且当年就送展美国洛杉矶亚洲图书博览会，销售一空。这本书的体例为今后的研究建立了完整的框架，同时为我今后对太庙的深入研究打下了基础。

　　罗哲文先生是太庙的顾问，曾经多次嘱咐我，"你是做学问的，好好研究太庙"，并给我题写了"心远斋"的书斋匾额，罗先生

罗哲文先生题写的"心远斋"书斋匾额

的用心不言而喻。2010 年，我曾经写了《新中国太庙的保护与修缮》一书，罗先生不仅为之题写了书名，亲笔修改了序言，而且工工整整地题写了"保护祖国瑰宝，弘扬传统文化——题为北京太庙建成五百九十年志庆"的题词。的确，罗先生对中国的古代建筑几乎都有所关注，紫禁城、长城、大运河……他最后的、最重要的关注点则是太庙的归宿。太庙毗邻北京天安门之东，位于故宫的左前方，不仅是北京皇城中轴线上最重要的组成部分，而且是中国首都传统文化和现代文化的交会点。太庙还是现存中国古

罗哲文先生为太庙题词

代官式宫殿建筑之最，是中华民族乃至全世界的无比珍贵的文化瑰宝。太庙的文化不应该和现代隔绝，太庙的价值应当和现代的功能相吻合。2005 年，我在《紫禁城学刊》提出了"太庙归宿之我见"，2010 年我正式向罗哲文先生提出将太庙改建为祭祀中华民族的共同祖先的国家重大礼仪场所的建议。罗先生说："太庙和社稷坛第一步先回归故宫，你随着太庙一起回故宫，然后逐步实现。"罗先生随之让中国紫禁城学会起草"左祖右社"回归的文件，尽快进入回归程序。但不幸的是，罗先生于 2012 年 5 月 14 日辞世，太庙回归的工作也就暂停了。

我带着对罗哲文先生的莫大哀悼之情，牢记先生的要求和勉励，坚持不懈地进行太庙的研究，退休后也丝毫没有中断。并且不断地将自己新的研究成果——太庙祭祖文化的传承、太庙与中轴线申遗、太庙礼乐文化的现代价值等在国家图书馆、首都图书馆、中国园林大讲堂、太庙国学大讲坛等处演

首图讲坛——太庙宣传页

讲，为礼乐文化的重建鼓与呼。在后来持续的努力中，我的研究得到了提升和扩展。提升，即把祭祖研究提升到礼乐文化来研究。扩展，即从太庙本身的研究扩展到太庙以及宗庙起源和发展的研究。

在党的十九大隆重召开不久，中华民族迎来全面恢复传统文化的新时代。我有幸受邀编写《太庙》一书，我依然像当初刚刚开始研究太庙一样激动、一样认真、一样勤奋。我认真地做了如下工作：一是对以往研究文稿的差错和不准确之处进行了严格的校正或重写；二是融入我近年新的研究成果；三是选配了与行文相对应的有代表性的图片；四是展示太庙文化在文化复兴新时代下的价值和传承方式的探索。这样，使本书从学术转向普及，知识性和趣味性相结合，再佐之以直观的图片，适于广大读者阅读。

同时，试图把隔世已久的古老文化与当代社会生活相联系，疏通传承的通道，体现出知行合一的治学精神。

衷心感谢北京出版集团出版此书，感谢编辑们的精心、勤奋和美编的艺术创意，感谢所有支持、关注、阅读本书的人，让太庙所蕴含的祖先崇拜和礼乐文化在新时期拂去蒙尘，扬弃传承，彰显其价值和魅力。同时，也激励我"好好研究太庙"，努力完成《太庙礼乐文化》和《太庙的起源与发展》等著作，争取尽快出版，为祖先崇拜和礼乐文化融入新时代的新文化，为实现中华民族伟大文化复兴而发挥不可替代的核心凝聚作用，恪尽一个传统文化研究者的职守，并献出绵薄之力。

贾福林

2017 年 12 月 8 日于北京心远斋